これでわかる
経営者保証 改訂版

経営者保証に関するガイドライン研究会座長　　　　小林信明 監修

経営者保証に関するガイドライン研究会事務局次長　岡島弘展 編著

JN022561

一般社団法人 金融財政事情研究会

本書の刊行にあたって

　平成25年12月５日に、「経営者保証に関するガイドライン」およびこれに即して具体的な実務を行う上で留意すべきポイントを取りまとめた同ガイドラインに関するQ&Aが策定・公表されました。

　中小企業や小規模事業者（あわせて中小企業）の経営者による個人保証（経営者保証）には、経営への規律づけや信用補完として中小企業の資金調達の円滑化に寄与する面がある一方で、保証後において、経営者による思い切った事業展開や、経営が窮境に陥った場合における早期の事業再生等の着手を阻害する要因となるなど、保証契約時・保証債務履行時等においてさまざまな課題が存在するという指摘がなされてきました。

　このような状況にかんがみ、「日本再興戦略」（平成25年６月14日閣議決定）において、経営者保証に関するガイドラインの策定の必要性が示されたことを踏まえ、平成25年８月に「経営者保証に関するガイドライン研究会」が日本商工会議所と全国銀行協会を事務局として組織されました。同研究会では、金融・商工団体の関係者、法務・会計の専門家、学識経験者等がメンバーとなり、さらに中小企業庁、金融庁等の関係省庁等もオブザーバーとして参画し、精力的に議論を重ねた上で、本ガイドラインが取りまとめられました。

　本ガイドラインは、平成26年２月１日から適用されましたが、本ガイドラインの円滑な運用を図る観点から、実務界からの要望に応じ、同ガイドラインに関するQ&Aを、これまで５回にわたって改定を行うことにより、本ガイドラインの趣旨の一層の浸透・徹底に努めてまいりました。

　こうした取組みにより、金融機関における経営者保証に依存しない融資は着実に進んでいますが、中小企業の経営者の高齢化が一段と進む下で、経営者保証が円滑な事業承継の阻害要因となり、地域経済の持続的な発展にとって支障をきたしかねないとの指摘や、「成長戦略実行計画」（令和元年６月21日閣議決定）において、経営者保証が事業承継の阻害要因とならないよう、原則として前経営者と後継者の双方からの二重徴求を行わないことなどが盛り込まれたことを踏まえ、「経営者保証に関するガイドライン研究会」は、令和元年12月24日に、事業承継時に焦点をあてたガイドラインの特則を策定しました。

本ガイドラインおよび特則による金融実務の定着により、中小企業の創業、事業展開や事業承継、事業再生等がより一層促進され、中小企業の活力が引き出されることとなり、ひいては日本経済の活性化に寄与することになると考えられます。そのためには、本ガイドラインおよび特則が、これまで以上に中小企業や金融機関などの関係者に広く周知され、また、実際の運用状況が適切にフォローされていくことが重要です。

　本書が本ガイドラインおよび特則の正しい理解と適切な運用の一助となり、将来にわたって中小企業の活性化を促進する手助けとなるよう、切に願っています。

　令和元年2月

　　　　　経営者保証に関するガイドライン研究会　座長
　　　　　　（長島・大野・常松法律事務所　弁護士）　　　**小林　信明**

目　次 contents

3

4　既存の保証契約の適切な見直し

5　保証債務の整理

6　事業承継時に焦点をあてたガイドラインの特則

7 その他

1 総　論

Q 経営者保証に関するガイドラインの概要を教えてください。

A ガイドラインは、経営者保証の課題・弊害を解消し、関係者間の継続的かつ良好な信頼関係の構築・強化、中小企業の各ライフステージにおける取組意欲の増進を図り、ひいては中小企業金融の実務の円滑化を通じて中小企業の活力を引き出し、日本経済の活性化に資することを目的としています。

本ガイドラインは、「保証契約締結時の対応」と「保証債務履行時の対応」の２つのパートで構成されています[1]。また、本ガイドラインは自主的自律的な準則であり、法的拘束力はありませんが、中小企業、経営者および対象債権者によって、自発的に尊重され遵守されることが期待されています。

なお、円滑な事業承継の実現に向け、本ガイドラインを補足するものとして、事業承継時に焦点をあてたガイドラインの特則（以下「特則」という）が策定されています。

ポイント

〈保証契約締結時の対応〉

1　経営者保証に依存しない融資の一層の促進

ガイドラインでは、保証契約の主たる債務者において、①法人・個人の一体性の解消と体制整備、②財務基盤の強化、③財務状況の適時適切な情報開示等による経営の透明性の確保に努めること、としています。また、対象債権者においては上記①～③の経営状況が将来にわたって充足すると見込まれるときは、経営者保証を求めない可能性や、停止条件・解除条件付保証契約、ABL[2]、金利の一定

1　本文中においてガイドラインの条項を引用するときは項番の冒頭に「GL」、ガイドラインQ&Aを引用する場合は「【総論】Q１」のようにQ&Aの小見出しと設問番号を表記することとします。なお、Q&Aについては、本書巻末の付録のとおり５回の改定を行っていることから、適宜改定回次を付しています。

の上乗せ3等、経営者保証の機能を代替する融資手法の活用の可能性を検討することとしています。

2 経営者保証の契約時の対象債権者の対応

　経営者保証を求めざるを得ないと判断した先には、主たる債務者や保証人に対し、保証契約の必要性等を丁寧かつ具体的に説明します。

　保証債務の整理にあたっては、①保証債務の履行請求額は、一定の基準日における保証人の資産の範囲内とし、基準日以降に発生する収入を含まない、②保証人が保証履行時の資産の状況を説明し、その状況に相違があったときには、融資慣行等に基づく保証債務の額が復活することを条件に、保証の履行請求額を履行請求時の保証人の資産の範囲内とする、といった適切な対応を誠実に実施する旨を保証契約に規定します。

〈保証債務履行時の対応〉

3 保証債務履行時の課題への対応（残存資産の範囲）

　保証人からガイドラインに基づく保証債務整理の申し出を受け、対象債権者（金融機関等）として一定の経済合理性が認められる場合は、破産法上の自由財産（99万円）に加え、経営者による安定した事業継続や新たな事業開始等のため、一定期間の生計費や華美でない自宅等を残存資産に含めることを検討します。

〈その他〉

4 既存契約の取扱い

　ガイドラインの適用開始日（平成26年2月1日）以前に締結した保証契約であっても、ガイドラインで掲げられている要件を充足する場合は、適用開始日以降に既存の保証契約の見直しや保証債務の整理を図る際、ガイドラインの適用を受けることができるとしています。

2　ABL（Asset Based Lending）とは、企業が保有する在庫や売掛金等を担保とする融資手法をいいます。
3　経営者保証を提供する場合とそうでない場合のそれぞれの適用金利を提示するなど、対象債権者の判断により保証提供の有無に応じた金利の選択肢を提案することが考えられます（【各論】Q4−12、第5次Q&A改定）。

Q 経営者保証に関するガイドラインが策定された背景を教えてください。

A 経営者保証には経営への規律づけや信用補完として資金調達の円滑化に寄与する面がある一方、保証契約時・履行時等においてさまざまな課題があることにかんがみ、課題の解決策の方向性を具体化したガイドラインが策定されました。

　中小企業・小規模事業者等（以下「中小企業」という）の経営者による個人保証には、経営への規律づけや信用補完として資金調達の円滑化に寄与する面がある一方、次のような弊害があるとされています。

① 個人保証への依存は、借り手・貸し手の双方が本来期待される機能（情報開示、事業目利き等）を発揮していく意欲を阻害しているおそれがある

② 個人保証の融資慣行化は、貸し手の説明不足、過大な保証債務負担の要求とともに、借り手・貸し手間の信頼関係構築の意欲を阻害しているおそれがある

③ 経営者の原則交代、不明確な履行基準、保証債務の残存等の保証履行時等の課題が、中小企業の創業、成長・発展、早期の事業再生や事業清算への着手、円滑な事業承継、新たな事業の開始等、事業取組みの意欲を阻害しているおそれがある

　以上のように、保証契約時・履行時等においてさまざまな課題が存在しています。このため、平成25年1月に中小企業庁および金融庁が「中小企業における個人保証等の在り方研究会」[1]を設置し、課題の解決策の方向性を具体化したガイドラインを策定することが適当である旨を取りまとめました。

　また、「日本再興戦略」（平成25年6月14日閣議決定）[2]においても、当該ガイドラインの策定が明記されています。

1　https://www.fsa.go.jp/singi/chushoukigyou/index.html参照。
2　https://www.kantei.go.jp/jp/singi/keizaisaisei/pdf/saikou_jpn.pdf参照。

　ガイドラインの策定に向けて、日本商工会議所と全国銀行協会が「経営者保証に関するガイドライン研究会」を設置し、同年12月に「経営者保証に関するガイドライン」が策定されました。

契約締結時の対応

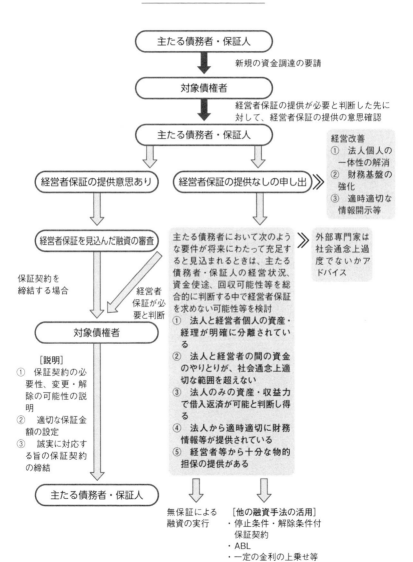

2 ガイドラインの位置づけ

Q ガイドラインの位置づけを教えてください。

A ガイドラインは、主たる債務者、保証人、対象債権者の自主的自律的な準則として策定されたものです（GL 2 項）。

　ガイドラインは、経営者保証における合理的な保証契約のあり方等を示すとともに、主たる債務の整理局面における保証債務の整理を公正かつ迅速に行うための準則であり、ガイドライン研究会で協議を重ねて策定されたものです。

　そのためガイドラインは、法的拘束力はないものの、主たる債務者、保証人および対象債権者による自主的自律的なルールであり、主たる債務者、保証人および対象債権者は、ガイドラインに基づく保証契約の締結、保証債務の整理等における対応について誠実に協力することが期待されています。

　また、ガイドラインに基づく保証債務の整理は、公正衡平を旨とし、透明性を尊重することとしています。

経営者保証に関するガイドラインは、法的拘束力はありませんが、自主的自律的なルールとして、主たる債務者、保証人および対象債権者は保証契約の締結や保証債務の整理等について誠実に協力することが期待されています

11

Q 主たる債務者である中小企業および保証人の範囲を教えてください。

A ガイドラインの主たる債務者および保証人の対象は、中小企業およびその経営者を原則としていますが、その範囲を超えるものについても対象に含まれます。

1 中小企業の範囲

ガイドラインで対象としている主たる債務者は、中小企業としていますが、必ずしも中小企業基本法に定める中小企業者・小規模事業者に該当する法人に限定していません。このため、社会福祉法人などの企業以外の組織や団体、また、個人事業主についても対象にしています（はじめに、【総論】Q3、第3次Q&A改定）。

2 保 証 人

ガイドラインで対象としている保証人は、GL3項(2)において、主たる債務者である中小企業の経営者としていますが、次のような者も含まれることとしています（【総論】Q4）。

① 実質的な経営権を有している者
② 営業許可名義人
③ 経営者とともに事業に従事する当該経営者の配偶者
④ 経営者の健康上の理由[1]のため保証人となる事業承継予定者等

なお、これらの者に加えて、財務内容その他の経営の状況を総合的に判断して、通常考えられるリスク許容額を超える融資の依頼がある場合であって、当該事業の協力者や支援者からそのような融資に対して積極的に保証の申し出があっ

---

1 金融機関においては、経営者以外の第三者保証を求めないことを原則とする融資慣行の確立が求められており、やむを得ず事業承継予定者に保証の提供を求める場合も、現経営者の健康上の理由という特別の事情を要件としています。よって、それ以外の場合、事業承継予定者の保証は原則とらないという考え方です（【各論】Q3-2）。

た場合等が想定されますが、このような第三者による保証についても除外していません（【各論】Q3-1）。

保証人の範囲

営業許可名義人

経営者とともに事業に従事する配偶者

実質的な経営権を有している者

事業承継予定者 (注)

協力者・支援者 等

（注）　現経営者の健康上の理由という特別の事情を要件としています。

Q 主たる債務者や保証人に債務不履行や財産状況等の不正確な開
示があった場合は、ガイドラインは適用されないのでしょうか。

A ガイドラインは、主たる債務者および保証人の双方が弁済について誠実で
あり、対象債権者の請求に応じ、それぞれの財産状況等（負債の状況を含む）
について適時適切に開示していることを求めていますが、これらの要件は、債務
整理着手後や一時停止後の行為に限定されるものではありません（GL3項(3)。【各
論】Q3－3、Q3－4、第3次Q&A改定）。

　債務整理着手後や一時停止後における適時適切な開示等の要件は、厳格に適用
されるべきものと考えられますが、債務整理着手前や一時停止前において、主た
る債務者または保証人による債務不履行や財産状況等の不正確な開示があったこ
となどをもって、ただちにガイドラインの適用が否定されるものではありませ
ん。

　主たる債務者や保証人に債務不履行や財産の状況等の不正確な開示の金額やそ
の態様、私的流用の有無等を踏まえた動機の悪質性といった点を総合的に勘案し
て判断すべきと考えられます。

　また、保証債務の整理局面において、自由財産を残存資産として残し、それを
弁済対象にしないことをもって、「弁済について誠実」であるという要件に該当
しなくなるということはありません。

ガイドラインは、主たる債務者および保証人の双方が弁済について誠実であり、対象債権者の請求に応じ、それぞれの財産状況等（負債の状況を含む）について適時適切に開示していることを求めていますが、これらの要件は、債務整理着手後や一時停止後の行為に限定されるものではありません

5　対象債権者の範囲

Q 対象債権者の範囲を教えてください。

A ガイドラインにおける対象債権者は、中小企業に対する金融債権を有する金融機関等であって、現に経営者に対して保証債権を有するもの、または将来これを有する可能性のあるものをいいます（GL 1 項、【各論】Q 1 － 1）。

　ガイドラインにおける対象債権者は、中小企業に対する金融債権[1]を有する金融機関等であって、現に経営者に対して保証債権を有するもの、または将来これを有する可能性のあるものをいいます。

　信用保証協会（代位弁済前も含む）、既存の債権者から保証債権の譲渡を受けた債権回収会社（サービサー）、公的金融機関等も含まれます。

　なお、保証債権がサービサー等に売却・譲渡される場合においても、ガイドラインの趣旨に沿った運用が行われることが期待されます。

　ただし、保証人が保証履行を行って、主たる債務者に求償権を有することとなった当該保証人は含まれません。

1　銀行取引約定書等が適用される取引やその他の金銭消費貸借契約等の金融取引に基づく債権をいいます（【各論】Q 1 － 2）。

対象債権者の範囲

中小企業に対する金融債権を有する金融機関等であって、現に経営者に対して保証債権を有するもの、または将来これを有する可能性のあるものとなります

金融機関

信用保証協会

サービサー

公的金融機関

Q 保証債務を法的整理手続で処理する場合と、ガイドラインによって整理する場合とでは、どのような違いがあるのでしょうか。

A ガイドラインによって整理する場合、債務整理の成立には原則としてすべての対象債権者の同意が必要となりますが、保証人の情報は公開されません（GL8項(5)、【総論】Q5、【各論】Q8－5）。

1 破産等による法的整理手続によった場合

　法的整理手続により保証債務を整理する場合、破産においては債務整理案に対する債権者の同意という手続はなく、民事再生（小規模個人再生）においては債権者の過半数または債権額の2分の1以上の反対がなければ、すべての債権者に対して債務整理は成立します。他方で保証人の情報は官報に掲載されるとともに、信用情報機関にも一定期間登録されます。

2 ガイドラインによった場合

　ガイドラインにより保証債務を整理する場合、債務整理の成立には原則としてすべての対象債権者の同意が必要となりますが、他方で保証人の情報は、官報に掲載されたり、信用情報機関に登録されたりすることはありません。

	法的整理手続		ガイドラインによる手続
	破産	民事再生	
債務整理案の同意	不要	債権者の過半数または債権額の1／2以上の賛成	対象債権者全員の同意（注）
官報	掲載	掲載	掲載されず
信用情報機関	登録	登録	登録されず

（注）　対象債権者は、合理的な不同意事由（GL7項(1)の適格要件を充足しない、一時停止や返済猶予（以下「一時停止等」という）の要請後に無断で財産を処分した、必要な情報を開示しないなどの事由）がない限り、当該債務整理手続の成立に向けて誠実に対応することとされています（GL7項(3)、【各論】Q7－7）。
　　また、ごく一部の対象債権者の同意が得られない場合において、当該対象債権者を対象債権者から除外したとしても弁済計画に与える影響が軽微なときは、当該対象債権者を除外して債務整理を成立させることが可能とされています（【各論】Q7－8）。

7　保証人からのガイドライン利用にあたっての事前相談の必要性

Q ガイドラインの利用にあたり、保証人は事前に対象債権者に相談する必要があるでしょうか。

A ガイドラインの利用にあたり、保証人は十分な時間的余裕をもって取引先の金融機関に事前に相談することが望ましいと考えられますが、事前相談はガイドラインの利用要件ではありません（【総論】Q6）。

保証人は十分な時間的余裕をもって金融機関と事前に相談することが望ましいですが、事前相談はガイドラインの利用要件ではありません

2 経営者保証に依存しない融資の一層の促進

8 経営者保証に依存しない融資慣行の確立

 経営者保証に依存しない融資慣行の確立に向けて、中小企業やその経営者、対象債権者は、それぞれどのような対応が求められますか。

A 主たる債務者、保証人および対象債権者は次のような対応が求められます。

1 主たる債務者・保証人に求められる対応

　ガイドラインでは、経営者保証を提供することなしに中小企業が資金調達を希望する場合には、次の経営状況であることが求められるとされています（GL 4 項(1)）。

① 法人と経営者との関係の明確な区分・分離

② 財務基盤の強化

③ 財務状況の正確な把握、適時適切な情報開示等による経営の透明性確保

2 対象債権者に求められる対応

　他方、対象債権者に対しては、停止条件または解除条件付保証契約、ABL、金利の一定の上乗せ等、経営者保証の機能を代替する融資手法のメニューの充実を図ることが求められています。

　また、法人・個人の一体性の解消等が図られている、あるいは、解消等を図ろうとしている中小企業が資金調達を要請した場合には、次のような要件が将来にわたって充足すると見込まれるときは、当該中小企業の経営状況、資金使途、回収可能性等を総合的に判断する中で、経営者保証を求めない可能性や上記のような代替的な融資手法を活用する可能性について、当該中小企業の意向も踏まえた上で、検討することとされています（GL 4 項(2)）。

① 法人と経営者個人の資産・経理が明確に分離されている
② 法人と経営者の間の資金のやりとりが、社会通念上適切な範囲を超えない
③ 法人のみの資産・収益力で借入返済が可能と判断し得る
④ 法人から適時適切に財務情報等が提供されている
⑤ 経営者等から十分な物的担保の提供がある

常日頃から相談しあえるような信頼関係を
築くことが重要です

9 主たる債務者および保証人の対応（その1）

Q 法人と経営者の一体性を解消するにはどうすればよいのでしょうか。

A 法人の業務、経理、資産所有等に関し、法人と経営者の関係を明確に区分・分離し、法人と経営者の間の資金のやりとり（役員報酬・賞与、配当、オーナーへの貸付等をいう）を、社会通念上適切な範囲を超えないものとする体制を整備するなどの対応が考えられます（【各論】Q4-1～4-4、第5次Q&A改定）。

「法人と経営者との関係の明確な区分・分離」について、主たる債務者は、法人の業務、経理、資産所有等に関し、法人と経営者の関係を明確に区分・分離し、法人と経営者の間の資金のやりとり（役員報酬・賞与、配当、オーナーへの貸付等）を、社会通念上適切な範囲を超えないものとする体制を整備するなど、適切な運用を図ることを通じて、法人・個人の一体性の解消に努めることとしています。すなわち、法人の事業用資産を経営者個人が所有している場合、その解消や、法人から経営者への資金流出（貸付等）の防止等、法人の資産・経理と経営者の資産・家計を適切に分離することに努めることが求められています。

たとえば、次のような対応が考えられます（【各論】Q6-1）。

(1) 「資産の分離」については、経営者が法人の事業活動に必要な本社・工場・営業車等の資産を所有している場合、経営者の都合によるこれらの資産の第三者への売却や担保提供等により事業継続に支障をきたすおそれがあるため、そのような資産については法人所有とすることが望ましいと考えられます。

なお、経営者が所有する法人の事業活動に必要な資産が法人の資金調達のために担保提供されていたり、契約において資産処分が制限されていたりするなど、経営者の都合による売却等が制限されている場合や、自宅兼店舗や自家用車兼営業車等、明確な分離が困難な場合においては、法人が経営者に適切な賃料を支払うことで、実質的に法人と個人が分離しているものと考えられます。

(2) 「経理・家計の分離」については、事業上の必要が認められない法人から経営者への貸付は行わない、個人として消費した費用（飲食代等）について法人の経費処理としないなどの対応が考えられます。

法人と経営者の一体性の解消

法人　　　　　　　　　　　　　経営者

・法人の事業活動に必要な本社・工場・営業車等の資産については、法人所有とすることが望ましいでしょう

・資産の明確な分離が困難な場合には、法人が経営者に適切な賃料を支払うことで、実質的に法人と個人が分離しているものと考えられます

・（法人の）経理と家計の分離も、①事業上の必要が認められない法人から経営者への貸付は行わない、②個人として消費した飲食代等の費用を法人の経費処理としない、といった対応が必要です

　上記のような対応を確保・継続する手段として、取締役会の適切な牽制機能の発揮や、会計参与の設置、外部を含めた監査体制の確立等による社内管理体制の整備、法人の経理の透明性向上の手段として、「中小企業の会計に関する基本要領」等によった信頼性のある計算書類の作成や対象債権者に対する財務情報の定期的な報告等が考えられます。

　また、こうした対応状況について、公認会計士や税理士、弁護士等の資産負債の状況や事業計画・事業の見通し、それらの進捗状況等について検証を行うことのできる外部専門家（顧問契約を締結している場合を含む）による検証[1]の実施と、対象債権者に対する検証結果の適切な開示がなされると、より対象債権者も判断しやすくなると考えられます。

なお、外部専門家による検証は必須の要件ではありませんが、必要に応じてガイドライン4項(2)イ）からホ）の要件を補完するものとして活用することが考えられます。

1　外部専門家には、①業務、経理、資産所有等に関し、法人と経営者の関係が明確に区分・分離されているか、②法人と経営者の間の資金のやりとり（役員報酬・配当、オーナーへの貸付等）を社会通念上適切な範囲を超えないものとする体制（役員報酬の決定プロセスのルール化、社内監査体制の確立等）が整備されているかを検証したり、対象債権者から法人と経営者の明確な分離や適時適切な情報開示等のさらなる改善を求められたりした場合等には、これらの実現に向けた主たる債務者および保証人に対する適切なアドバイスを行うことが期待されています。
　なお、「社会通念上適切な範囲」は、法人の規模、事業内容、収益力等によって異なるため、必要に応じて外部専門家による検証結果等を踏まえ、対象債権者が個別に判断することとなります。

10 主たる債務者および保証人の対応（その２）

Q 経営者保証を提供することなく資金調達を行うためには、どのような財務状況が期待されますか。

A 法人のみの資産・収益力で借入返済が可能と判断される財務状況が期待されています（【各論】Q4－5）。

　「財務基盤の強化」については、経営者保証は主たる債務者の信用力を補完する手段の一つとして機能している一面がありますが、経営者保証を提供しない場合においても事業に必要な資金を円滑に調達するために、主たる債務者は、財務状況および経営成績の改善を通じた返済能力の向上等により信用力の強化に努めることが求められています。

　具体的には、経営者個人の資産を債権保全の手段としなくても、法人のみの資産・収益力で借入返済が可能と判断し得る、次のような財務状況が期待されていると考えられます。

① 業績が堅調で十分な利益（キャッシュフロー）を確保しており、内部留保も十分であること

② 業績はやや不安定ではあるものの、業況の下振れリスクを勘案しても、内部留保が潤沢で借入金全額の返済が可能と判断し得ること

③ 内部留保は潤沢とはいえないものの、好業績が続いており、今後も借入れを順調に返済し得るだけの利益（キャッシュフロー）を確保する可能性が高いこと

Q 「財務状況の正確な把握、適時適切な情報開示等による経営の透明性確保」について、中小企業にはどのような対応が求められるのでしょうか。

A 年1回の貸借対照表、損益計算書の提出のみでなく、対象債権者の求めに応じて、試算表・資金繰り表等の定期的な報告等が求められています（【各論】Q4－7）。

　「財務状況の正確な把握、適時適切な情報開示等による経営の透明性確保」について、主たる債務者は、資産負債の状況（経営者のものを含む）、事業計画や業績見通しおよびその進捗状況等に関する対象債権者からの情報開示の要請に対して、正確かつ丁寧に信頼性の高い情報を開示・説明することにより、経営の透明性を確保することが求められています。

　たとえば、主たる債務者は、対象債権者の求めに応じて、貸借対照表、損益計算書の提出のみでなく、これら決算書上の各勘定明細（資産・負債明細、売上原価・販管費明細等）を提出したり、期中の財務状況を確認したりするため、年に1回の本決算の報告のみでなく、試算表・資金繰り表等の定期的な報告等が求められています。

資金繰り表（例）

		令和2年4月		令和2年5月		令和2年6月		令和2年7月		令和2年8月		令和2年9月	
		計画	見込み	計画	見込み	計画	見込み	計画	見込み	計画	見込み	計画	見込み
	売　　上												
	仕　　入												
	前月繰越												
経常収支	現金売上												
	クレジット売上入金												
	前 受 金												
	受取利息・配当金												
	その他												
	収入　計												
	仕入支払												
	人 件 費												
	諸 経 費												
	支払利息												
	前 渡 金												
	その他												
	支払　計												
	差引　計												
設備収支	固定資産売却収入												
	その他収入												
	収入　計												
	設備投資（既存）												
	設備投資（新規）												
	その他支出												
	支出　計												
	差引　計												
財務収支	新規借入金												
	その他												
	財務収入												
	既存借入金返済												
	新規借入金返済												
	その他返済												
	財務支出												
	差引　計												
	単月収支												
	翌月へ繰越												

12 対象債権者の対応（その１）

Q 停止条件または解除条件付保証契約とはどのような契約ですか。

A 停止条件付保証契約とは、主たる債務者が特約条項（コベナンツ）に抵触しない限り保証債務の効力が発生しない保証契約であり、解除条件付保証契約とは、主たる債務者がコベナンツを充足する場合は保証債務が効力を失う保証契約です。

　停止条件付保証契約とは、主たる債務者が特約条項（コベナンツ）に抵触しない限り保証債務の効力が発生しない保証契約を指し、解除条件付保証契約とは、債務者がコベナンツを充足する場合は保証債務が効力を失う保証契約を指します。

　停止条件または解除条件付保証契約のコベナンツとしては、次のような条項が考えられますが、具体的な内容は個別案件における当事者間の協議により決定されることが想定されます（【各論】Q４−８、第５次Q&A改定）。

① 役員や株主の変更等の対象債権者への報告義務

② 試算表等の財務状況に関する書類の対象債権者への提出義務

③ 担保の提供等の行為を行う際に対象債権者の承諾を必要とする制限条項等

④ 外部を含めた監査体制の確立等による社内管理体制の報告義務等

　なお、解除条件付保証契約の場合には、財務状況が改善したことをコベナンツとすることも考えられます。

Q 中小企業が資金調達を要請した場合、対象債権者はどのような
　　ことに努めればよいですか。

A 法人・個人の一体性の解消等が図られている、あるいは、解消等を図ろう
　　としている中小企業が資金調達を要請した場合、経営者保証を求めない可
能性や経営者保証の機能を代替する融資手法の活用の可能性について、中小企業
の意向も踏まえた上で、検討するよう努めることとされています（GL４項(2)）。

　法人・個人の一体性の解消等が図られている、あるいは、解消等を図ろうとし
ている中小企業が資金調達を要請した場合、対象債権者は、主たる債務者におい
て次のような要件が将来にわたって充足すると見込まれるときは、主たる債務者
の経営状況、資金使途、回収可能性等を総合的に判断する中で、経営者保証を求
めない可能性や、代替的な融資手法を活用する可能性について、主たる債務者の
意向も踏まえた上で、検討することとされています。

①　法人と経営者個人の資産・経理が明確に分離されている
②　法人と経営者の間の資金のやりとりが、社会通念上適切な範囲を超えない
③　法人のみの資産・収益力で借入返済が可能と判断し得る
④　法人から適時適切に財務情報等が提供されている
⑤　経営者等から十分な物的担保の提供がある[1]

　中小企業に経営者保証を求めない可能性等の検討に際しては、上記①～⑤の要
件のうち、できるだけ多くの要件が充足されることが望ましいですが、必ずしも
すべての要件の充足が求められるものではなく、個別の事案ごとに、要件の充足
状況に応じて判断されることになります（【各論】Ｑ４－10、第５次Ｑ＆Ａ改定）。

　このため、上記①～⑤の要件の多くを満たしていない場合でも、債務者とのリ
レーションを通じて把握した内容や事業性評価の内容を考慮して、総合的な判断

1　⑤の要件に関しては、③の要件を補完するものであり、経営者等が十分な物的担保を提供し
　なければ、経営者保証の提供が求められるという趣旨ではなく、経営者による物的担保の提供
　を推奨するものではありません（【各論】Ｑ４－10）。

として経営者保証を求めないことも考えられます。

　また、各要件の判断基準を明確化するために、各要件を細かい案件に分割し、当該案件の一部を充足していなくても要件を満たすことができるといったような柔軟な運用も考えられます。

　なお、上記①〜④の要件の充足状況を勘案する際に、取締役会の適切な牽制機能の発揮や監査体制の確立等、社内管理体制が整理されている場合や、法人の経営と所有（株主）が分離されている場合等においては、主たる債務者において内部または外部からのガバナンスが十分に働いており、将来にわたって要件を充足する蓋然性が高いと考えられるため、経営者保証を求めない可能性が高まると思われます。その一方で、上記のような内部または外部からのガバナンスが十分ではない場合には、将来にわたって要件が充足されることを担保するため、または将来の要件充足に向けた取組みを促すため、特約条項（コベナンツ）を付した停止条件または解除条件付保証契約等の代替的な融資手法を活用することが考えられます。なお、経営者が法人の株主となっていることのみをもって、ガバナンスが不十分であると判断するものではありません（【各論】Q4−11、第5次Q&A改定）。

経営者保証を求めない融資のために必要とされる要件とは？

①　法人と経営者の資産・経理が明確に分離されていること
②　法人と経営者の間の資金のやりとりが、社会通念上適切な範囲を超えないこと
③　法人のみの資産・収益力で借入返済が可能と判断し得ること
④　法人から適時適切に財務情報等が提供されていること
⑤　経営者等から十分な物的担保の提供があること

Q 対象債権者が、主たる債務者である企業の事業内容や成長可能性などを踏まえて、個人保証の要否や代替的な融資手法を活用する可能性を検討する場合、どのように対応すればよいですか。

A 対象債権者は、主たる債務者である企業の財務データ面だけに捉われず、主たる債務者との対話や経営相談等を通じて情報を収集し、事業の内容や持続・成長可能性などを含む事業性を適切に評価することが望ましいと考えられます（【各論】Ｑ４－13、第４次Q&A改定）。

　対象債権者は、主たる債務者から、財務情報だけでなく、事業計画や業績見通し等の情報について、より詳しい説明が受けられるよう、主たる債務者と信頼関係を築き、アドバイスを行うとともに、必要に応じて説明を促していくことが考えられます。

　また、主たる債務者は、それに応じて正確な情報を開示し、丁寧に説明することが期待されます。

　なお、以上の取組みは、主たる債務者の企業規模や経営体制等を踏まえた上で、柔軟に進めていくべきものと考えられます。

3 経営者保証の契約時の対象債権者の対応

15 経営者保証の締結時の対象債権者の対応（その１）

Q 対象債権者は、経営者と保証契約を締結する場合、どのように対応すればよいですか。

A 対象債権者は主たる債務者や保証人に経営者保証の必要性等を丁寧かつ具体的に説明し、適切な保証金額を設定するよう努めることとされています（GL 5 項）。

　対象債権者が、与信判断を行う中で、経営者保証を求めない可能性等を検討した結果、経営者保証を求めることがやむを得ないと判断された場合や、法人・個人の一体性に一定の合理性や必要性が認められる場合等で、経営者と保証契約を締結する場合、対象債権者は、①経営者保証の必要性等を丁寧かつ具体的に説明し（GL 5 項(1)）、②適切な保証金額を設定する（GL 5 項(2)）よう努めることとされています。

Q 経営者保証の締結時に、対象債権者は主たる債務者や保証人に
どのようなことを説明すればよいですか。

A 対象債権者は主たる債務者や保証人に経営者保証の必要性等を丁寧かつ具
体的に説明するよう努めることとされています（GL 5 項(1)）。

　対象債権者は、主たる債務者や保証人と保証契約を締結する際に、「なぜ保証
契約が必要なのか」「どうすれば保証解除等の可能性が高まるか」などを説明す
ることが求められます。
　具体的には次の点について、主たる債務者と保証人に対して、丁寧かつ具体的
に説明することとされています。
　①　保証契約の必要性。たとえば、30頁の①～④の要件に掲げられている要素
　　のどの部分が十分ではないために保証契約が必要なのかなど
　②　原則として、保証履行時の履行請求は、一律に保証金額全額に対して行う
　　ものではなく、保証履行時の保証人の資産状況等を勘案した上で、履行の範
　　囲が定められること
　③　経営者保証の必要性が解消された場合には、保証契約の変更[1]・解除等の
　　見直しの可能性があること
　なお、対象債権者には、どのような改善を図れば保証契約の変更・解除の可能
性が高まるのか、より具体的なアドバイスを行うことが期待されています。
　たとえば、次のような対応が考えられます（【各論】Q 5 － 1、第 5 次Q&A改定）。
　①　ガイドライン 4 項(2)イ)、ロ)、ハ) に関し、主たる債務者が捉えている問
　　題点とその解消に向けて、主たる債務者が取り組むべき対応等について助言
　　を行うこと（ハ) の資産、収益力については可能な限り定量的な目標を示すこと
　　が望ましい）

―――――――――――――――――――――
1　保証契約の変更には、既存の保証契約を停止条件または解除条件付保証契約に変更すること
　なども含まれます（【各論】Q 5 － 2）。

② ガイドライン4項(2)ニ）について、対象債権者が必要とする情報の種類、情報提供の頻度を示すこと

また、対象債権者は、チェックリスト等を策定・活用して、必要に応じて検証結果を記録に残すとともに、主たる債務者や保証人に対してきちんと説明を行ったことを双方で確認するような対応も含めて検討することが望ましいと考えられます。

経営者保証の必要性を検討するにあたり必要な視点とは？

① 30頁の①〜④の要件に掲げられている要素のうち、どの部分が不十分なために保証契約が必要になるのか？

② 原則として、保証履行請求は、保証履行時の保証人の資産状況等を勘案した上で、履行の範囲が定められること

③ 経営者保証の必要性が解消された場合には、保証契約の変更・解除等の可能性があること

Q　「適切な保証金額の設定」には、どのような対応が考えられますか。

A　保証債務の締結にあたっては、ガイドラインの趣旨を尊重し、誠実に対応する旨を保証契約に規定するとともに、物的担保による保全の確実性も考慮しつつ、適切な保証金額の設定に努めることとされています（GL 5 項(2)）。

　対象債権者は、主たる債務者や保証人と保証契約を締結する際には、経営者保証に関する負担が中小企業の各ライフステージにおける取組意欲を阻害しないよう、形式的に保証金額を融資額と同額とはせず、保証人の資産および収入の状況、融資額、主たる債務者の信用状況、物的担保等の設定状況、主たる債務者および保証人の適時適切な情報開示姿勢等を総合的に勘案して設定することが求められています。

　このような観点から、対象債権者は、保証債務の整理にあたっては、ガイドラインの趣旨を尊重し、次のような対応を含む適切な対応を誠実に実施する旨を保証契約に規定することとされています。

①　保証債務の履行請求額は、期限の利益を喪失した日等の一定の基準日における保証人の資産の範囲内とし、基準日以降に発生する保証人の収入を含まない[1]

②　保証人が保証履行時の資産の状況を表明保証[2]し、その適正性について、対象債権者からの求めに応じ、保証人の債務整理を支援する専門家（すべての対象債権者がその適格性を認めた弁護士、公認会計士、税理士等[3]。以下「支援専門家」という。この支援専門家には、保証人の代理人弁護士や顧問税理士等も含まれる（【各論】Q5－8））の確認を受けた場合[4]、保証の履行請求額を履行

1　保証債務を整理する場合には、保証人がガイドラインに基づく保証債務の整理を対象債務者に申し出た時点（保証人等による一時停止等の要請が行われた場合は、一時停止等の効力が発生した時点）を基準日とすることを保証契約に明記しておくことも考えられます（【各論】Q5－4、第2次Q&A改定）。

2　残高証明書等の資産の状況を示す書類を添付します（【各論】Q5－5）。

3　支援専門家が弁護士でない場合には、支援内容が非弁行為とならないように留意する必要があります（【各論】Q5－7）。

　　請求時の保証人の資産の範囲内とする。なお、この場合、表明保証した内容
　に相違があったときには、保証債務の額が復活することを条件とする

　また、同様の観点から、対象債権者は、主たる債務者に対する金融債権の保全
のために、物的担保等の手段が用いられている場合（有価証券や不動産のように価
格に変動がある場合には、融資期間等も勘案しつつ変動幅を考慮するなど、各金融機関
における融資判断が必要となると考えられる）には、経営者保証の範囲を当該手段
による保全の確実性が認められない部分に限定[5]する（たとえば、融資額5,000万円
に対して、自行定期預金担保が3,000万円ある場合には、保証金額は2,000万円にする）
など、適切な保証金額の設定に努めることとされています（【各論】Q5-3）。

物的担保等（注）が用いられて
いる場合には、経営者保証の範
囲を当該担保等による保全の確
実性が認められない部分に限定
するなど「適切な保証金額の設
定」に努めなければなりません

（注）　有価証券や不動産のように価格に変動がある場合には、融資期間等を勘案しながら
　　　変動幅を考慮するなど、各金融機関の融資判断が必要となると考えられます。

4　保証人の債務整理を支援する専門家の確認を受けた場合は、保証人は当該専門家から確認
　を行ったことを示す書面を入手することとなります（【各論】Q5-6）。
5　たとえば、価格変動リスクが高い土地の場合であっても、対象債権者が合法的と判断する範
　囲内において保証の確実性が存在すると考えられます（【各論】Q5-11、第5次Q&A改定）。

Q 支援専門家はどういう役割を果たしますか。

A 一時停止や返済猶予（以下「一時停止等」という）の要請や、保証人が行う表明保証の適正性の確認、弁済計画の策定支援、対象債権者の残存資産の範囲の決定の支援等、経営者の保証債務整理に向けた支援を行っていくことが想定されます。

1　支援専門家の範囲（GL5項(2)、【各論】Q5－7、5－8）

ガイドラインでは、支援専門家として、弁護士、公認会計士や税理士等を想定しており、保証人の代理人弁護士や顧問税理士も支援専門家に含まれます。なお、主たる債務者と保証人の代理人が同一人物である場合には、両者間の利益相反の顕在化等に留意する必要があります。

また、支援専門家の適格性については、対象債権者が、当該専門家の経験・実績等を踏まえて、総合的に判断することとされています。ただし、当該専門家が弁護士でない場合には、支援内容が非弁行為とならないように留意する必要があります。

2　支援専門家の役割（【各論】Q7－6）

(1)　主たる債務と保証債務の一体整理を図る場合の支援専門家の役割は、保証債務に関する一時停止や返済猶予の要請、保証人が行う表明保証の適正性についての確認、対象債権者の残存資産の範囲の決定の支援等が考えられます。

(2)　一方、保証債務のみを整理する場合の支援専門家の役割は、保証債務に関する一時停止等の要請、保証人が行う表明保証の適正性についての確認および対象債権者の残存資産の範囲の決定の支援に加え、弁済計画の策定支援が考えられます。

4 既存の保証契約の適切な見直し

19 既存の保証契約の変更・解除等の対応

 既存の保証契約を変更・解除等することはできますか。

A 対象債権者は、既存の保証契約[1]の変更・解除等の申し出に対し真摯かつ柔軟に対応することが求められます（GL 6 項(1)）。

1 主たる債務者および保証人における対応

　主たる債務者および保証人は、既存の保証契約の解除等の申入れを対象債権者に行うに先立ち、法人・個人の一体性の解消、財務基盤の強化、適時適切な情報開示といった経営状況を将来にわたって維持するよう努めることとされています（20頁参照）。

2 対象債権者における対応

　主たる債務者において経営の改善が図られたことなどにより、主たる債務者および保証人から既存の保証契約の解除等の申入れがあった場合は、対象債権者はGL 4 項(2)の「経営者保証を求めない可能性、経営者保証の機能を代替する融資手法を活用する可能性」に即して、また、保証契約の変更等の申入れがあった場合は、対象債権者は、申入れの内容に応じて、GL 4 項(2)または 5 項の「保証契約の必要性等に関する丁寧かつ具体的な説明、適切な保証金額の設定」に即して、改めて経営者保証の必要性や適切な保証金額等について、真摯かつ柔軟に検討を行うとともに、その検討結果について主たる債務者および保証人に対して丁寧かつ具体的に説明することとされています。

1　ガイドラインの適用開始日以前に締結した保証契約も対象となります。

20　事業承継時の対応（その１）

Q 事業承継時にはどのように対応することが求められますか。

A 対象債権者は当然に保証契約を後継者に引き継がせるのではなく、必要な情報開示を得た上で、GL 4 項(2)「対象債権者における対応」に即して、保証契約の必要性等について改めて検討することとされています（GL 6 項(2)）。

　なお、事業承継時の対応については、「6．事業承継時に焦点をあてたガイドラインの特則」も参照してください。

1　主たる債務者および後継者における対応

　主たる債務者および事業を承継しようとする後継者は次のような対応を行うこととされています。

　①　主たる債務者および後継者は、対象債権者からの情報開示の要請に対し適時適切に対応し、特に経営者の交代により経営方針や事業計画等に変更が生じる場合には、その点についてより誠実かつ丁寧に、対象債権者に対して説明を行うこととされている

　②　主たる債務者が、後継者による個人保証を提供することなしに、対象債権者から新たに資金調達することを希望する場合には、主たる債務者および後継者は、GL 4 項(1)に掲げる「法人と経営者との関係の明確な区分・分離」や「財務基盤の強化」「適時適切な情報開示等による経営の透明性確保」が図られていることが求められる

2　対象債権者における対応

　対象債権者は、前経営者が負担する保証債務について、後継者に当然に引き継がせるのではなく、必要な情報開示を得た上で、GL 4 項(2)に即して、保証契約の必要性等について改めて検討することとされています。その結果、後継者との間で保証契約を締結する場合にはGL 5 項に即して、適切な保証金額の設定に努めるとともに、保証契約の必要性等について主たる債務者および後継者に対して丁寧かつ具体的に説明することとされています。

そろそろ仕事を後継者に任せて引退したいと思う。前の保証契約はどうしたらいいのかな？

保証を継続していただく必要があるか改めて検討いたします。会社の株はどうされますか？

Q 事業承継時に前経営者から保証契約の解除を求められた場合、対象債権者はどのように対応することが求められますか。

A 前経営者が引き続き実質的な経営権・支配権を有しているか否か、当該保証契約以外の手段による既存債権の保全の状況、法人の資産・収益力による借入返済能力等を勘案しつつ、保証契約の解除について適切に判断することとされています（GL 6 項(2)②ロ）。

　前経営者や後継者は、前経営者に係る既存の保証契約を事業承継時に解除するために、次のような取組みを行うことが考えられます（【各論】Q6－2）。

①　前経営者は、実質的な経営権・支配権を有していないことを対象債権者に示すために、中小企業の代表者から退くとともに、支配株主等にとどまることなく、実質的にも経営から退くこと（あわせて、当該法人から報酬等を受け取らないこと）

②　前経営者が、主たる債務者から社会通念上適切な範囲を超える借入れ等を行っていることが認められた場合は、これを返済すること

③　対象債権者にとって、法人の資産・収益力では既存債権の回収に懸念が残り、前経営者との保証契約以外の手段では既存債権の保全が乏しい場合には、前経営者の資産のうち、具体的に保全価値があるものとして債権者が認識していた資産と同等程度の保全が、後継者等から提供されること

5 保証債務の整理

Q ガイドラインを利用して保証債務の整理を申し出ることができる保証人はどういう要件を満たす必要がありますか。

A ガイドラインに基づく保証債務の整理を対象債権者に対して申し出ることができる保証人は、GL 3 項に規定される要件のほか、法的債務整理手続や準則型私的整理手続[1]の申立てが行われているなど、一定の要件を満たす必要があります（GL 7 項(1)）。

　ガイドラインに基づく保証債務の整理を対象債権者に対して申し出る保証人は、次の要件を満たす必要があります。

① 対象債権者と保証人との間の保証契約がGL 3 項に規定される要件をすべて充足すること

② 主たる債務者が破産手続、民事再生手続、会社更生手続もしくは特別清算手続（以下「法的債務整理手続」という）の開始申立てまたは準則型私的整理手続の申立てをガイドラインの利用と同時に現に行い、または、これらの手続が係属し、もしくは既に終結していること

③ ガイドラインにより債務整理を行った場合に、主たる債務および保証債務の破産手続による配当よりも多くの回収を得られる見込みがあるなど、対象債権者にとっても経済的な合理性が期待できること（なお、対象債権者にとっての経済合理性を検討するにあたって、主たる債務と保証債務とをあわせて考えることがガイドラインの特徴の一つである）

1　中小企業再生支援協議会による再生支援スキーム、事業再生ADR、私的整理ガイドライン、特定調停等、利害関係のない中立かつ公正な第三者が関与する私的整理手続およびこれに準ずる手続をいいます。したがって、主たる債務者と対象債権者が相対で行う広義の準則型私的整理手続は含みません（【各論】Q 7 - 2、第 2 次Q&A改定）。

④　保証人に破産法252条1項（10号を除く）に規定される免責不許可事由がな
　いこと

本ガイドラインに基づき
保証債務の整理の対象となり得る保証人は
どのような条件を満たす必要が
あるのでしょうか？

①　ガイドライン3項に規定される要件

②　法的債務整理手続
　　　　　　　または
　　　準則型私的整理手続
　の申立てが行われていること

③　対象債権者にとっての経済合理性の確保

④　免責不許可事由に該当しないこと

23 保証債務の整理の手続

Ｑ 保証債務の整理の手続にはどのようなものがありますか。

Ａ 主たる債務と保証債務の一体型の整理手続と保証債務のみを対象とした整理手続があります（GL 7 項(2)）。

ガイドラインに基づく保証債務の整理は、次のいずれかの整理手続によることとされています。

① 主たる債務の整理にあたって準則型私的整理手続を利用する場合、主たる債務の整理と同じ準則型私的整理手続を利用して行う、主たる債務と保証債務の一体型の整理手続

② 主たる債務の整理については、法的債務整理手続を利用する場合や、準則型私的整理手続を利用する場合であっても、主たる債務と保証債務の一体整理が困難な場合等における、保証債務のみの整理が可能な適切な準則型私的整理手続を利用した保証債務のみの整理手続（【各論】Ｑ7－5）

ただし、保証人が、合理的な理由に基づき、準則型私的整理手続ではなく、支援専門家等の第三者のあっせんによる当事者間の協議等に基づき、すべての対象債権者との間で弁済計画について合意に至った場合には、対象債権者が、ガイドラインの手続に即して、残存する保証債務の減免・免除を行うことは妨げられていません。

24 経済合理性・回収見込額の判断

Q 保証債務の整理手続では、どのように経済合理性を判断するのでしょうか。

A ガイドラインでは、主たる債務と保証債務を一体として回収見込額を検証し、経済合理性を判断することとされています（GL 7 項(3)③）。

　ガイドラインでは、経済合理性を主たる債務と保証債務を一体として判断することとされています（【各論】Q 7 - 4）。

(1)　主たる債務者が再生型手続を利用する場合、次の①の額が②の額を上回る場合には、ガイドラインに基づく債務整理により、破産手続による配当よりも多くの回収を得られる見込みがあり、経済合理性があるものと考えられます。

①　主たる債務および保証債務の弁済計画（案）に基づく回収見込額（保証債務の回収見込額にあっては、合理的に見積りが可能な場合。以下同じ）の合計金額

②　現時点において主たる債務者および保証人が破産手続を行った場合の回収見込額の合計金額

(2)　なお、主たる債務者が第二会社方式により再生を図る場合、次の①の額が②の額を上回る場合には、ガイドラインに基づく債務整理により、破産手続による配当よりも多くの回収を得られる見込みがあり、経済合理性があるものと考えられます。

①　会社分割（事業譲渡を含む）後の承継会社からの回収見込額および清算会社からの回収見込額ならびに保証債務の弁済計画（案）に基づく回収見込額の合計金額

②　現時点において主たる債務者および保証人が破産手続を行った場合の回収見込額の合計金額

(3)　主たる債務者が清算型手続を利用する場合、次の①の額が②の額を上回る場合には、ガイドラインに基づく債務整理により、破産手続による配当よりも多くの回収を得られる見込みがあり、経済合理性があるものと考えられます。

①　現時点において清算した場合における主たる債務の回収見込額および保証

　　債務の弁済計画案に基づく回収見込額の合計金額
②　過去の営業成績等を参考としつつ、清算手続が遅延した場合の将来時点（将来見通しが合理的に推計できる期間として最大3年程度を想定）における主たる債務および保証債務の回収見込額の合計金額
　　なお、Q&A 7 −16（第3次Q&A改定）も参照してください。

経済合理性の判断

〈主たる債務者が再生型手続を利用する場合〉

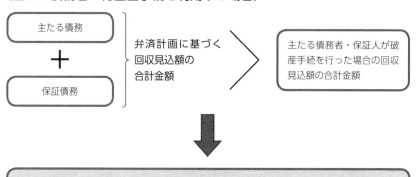

〈主たる債務者が清算型手続を利用する場合〉

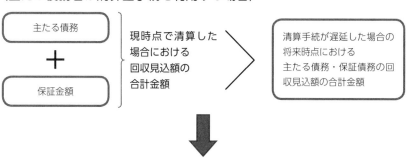

一時停止等の要請があった場合、対象債権者はどのように対応すればよいでしょうか。

 一時停止等の要請があった場合、ガイドラインでは、対象債権者は、誠実かつ柔軟に対応するよう努めることとされています（GL 7 項(3)①）。

　主たる債務者および保証人が、保証債務に関し、次のすべての要件を充足する一時停止等を要請した場合には、対象債権者は、誠実かつ柔軟に対応するよう努めることとされています。

① 　原則として、一時停止等の要請が主たる債務者、保証人、支援専門家が連名した書面によるものであること（すべての対象債権者の同意がある場合および保証債務のみを整理する場合で当該保証人と支援専門家が連名した書面がある場合はこの限りではない）

② 　一時停止等の要請が、すべての対象債権者に対して同時に行われていること

③ 　主たる債務者および保証人が、手続申立て前から債務の弁済等について誠実に対応し、対象債権者との間で良好な取引関係が構築されてきたと対象債権者により判断され得ること

　一時停止等の要請は、保証人、支援専門家等が連名した書面で行われた場合は、対象債権者が当該要請を応諾したときから、債権者集会等で行われた場合は、当該集会に参加したすべての対象債権者が当該要請を応諾したときから、開始します（【各論】Q 7 - 11）。

　なお、各準則型私的整理手続では、一時停止等の要請を含めて整理手順が定められていることがあります。この場合には当該定めにより運用されますので、注意が必要です。

一時停止等の要請

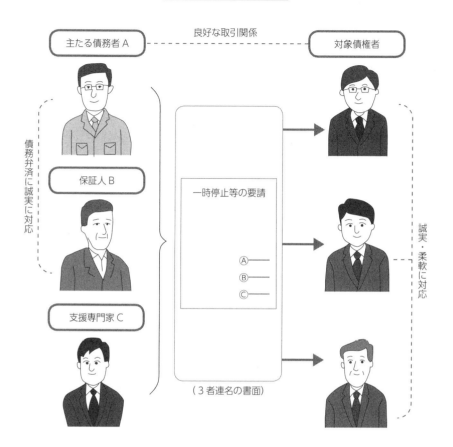

26 保証債務の履行基準

Q 対象債権者は、保証債務の履行にあたって保証人に残すことのできる残存資産の範囲について、どういう点を考慮して決定すればよいでしょうか。

A 対象債権者は、必要に応じて支援専門家とも連携しつつ、保証人の保証履行能力や保証債務の従前の履行状況等を総合的に勘案して決定することとされています（GL7項(3)③）。

　保証債務の履行に際して、保証人の手元に残すことのできる残存資産（対象債務の弁済原資とはならない資産）の範囲についての考え方を示しており、対象債権者は、必要に応じて支援専門家とも連携しつつ、次のような点を総合的に勘案して決定することとされています。

① 保証人の保証履行能力や保証債務の従前の履行状況
② 主たる債務が不履行に至った経緯等に対する経営者たる保証人の帰責性
③ 経営者たる保証人の経営資質、信頼性
④ 経営者たる保証人が主たる債務者の事業再生、事業清算に着手した時期等が事業の再生計画等に与える影響
⑤ 破産手続における自由財産（破産法34条3項および4項その他の法令により破産財団に属しないとされる財産をいう。以下同じ）の考え方や、民事執行法に定める標準的な世帯の必要生計費の考え方との整合性

　この際、保証人は、すべての対象債権者に対して、保証人の資力に関する情報を誠実に開示し、開示した情報の内容の正確性について表明保証を行うとともに、支援専門家は、対象債権者からの求めに応じて、当該表明保証の適正性についての確認を行い、対象債権者に報告することが前提とされています（GL7項(3)⑤）。

保証人は、資力に関する情報を誠実に開示し、その内容の正確性について表明保証を行います

支援専門家は、当該表明保証の適正性について確認し、対象債権者に報告します

Q 残存資産は具体的にどのように決めるのでしょうか。

A 経営者たる保証人による早期の事業再生等の着手の決断について、主たる債務者の事業再生の実効性の向上等に資するものとして、対象債権者としても一定の経済合理性が認められる場合には、この経済合理性が認められる範囲内において、対象債権者は、経営者の安定した事業継続、事業清算後の新たな事業の開始等（以下「事業継続等」という）のため、自由財産（現金99万円等）に加え、一定期間の生計費に相当する額等を、当該経営者たる保証人の残存資産に含めることを検討することとされています（GL 7 項(3) ③）。

　保証人は、安定した事業継続等のために必要な一定期間の生計費に相当する額や華美でない自宅等について残存資産に含めることを希望する場合には、その必要性について、対象債権者に対して説明することとされています。対象債権者は、保証人から上記の説明を受けた場合には、次の考え方に即して、当該資産を残存資産に含めることについて、真摯かつ柔軟に検討することとされています。

早期の事業再生等の着手の決断に対するインセンティブの付与の検討

　経営者たる保証人による早期の事業再生等の着手の決断について、主たる債務者の事業再生の実効性の向上等に資するものとして、対象債権者としても一定の経済合理性が認められる場合（対象債権者は、保証債務の履行請求額の経済合理性については、主たる債務と保証債務を一体として判断することとされている）には、この経済合理性が認められる範囲内において、対象債権者は、経営者の事業継続等のため、利害関係のない中立かつ公正な第三者等の意見を聴取しつつ、自由財産に加え、次の一定期間の生計費に相当する額等を目安として、当該経営者たる保証人の残存資産に含めることを検討することとされています[1]。なお、当事者の合意に基づき、個別の事情を勘案し、回収見込額の増加額を上限として、次の一定期間の生計費に相当する額等の目安を超える資産を残存資産とすることも差し支えありません（【各論】Q 7 - 14、第 2 次Q&A改定）。

（参考）　雇用保険の給付期間

保証人の年齢	給付期間
30 歳未満	90 ～ 180 日
30 歳以上 35 歳未満	90 ～ 240 日
35 歳以上 45 歳未満	90 ～ 270 日
45 歳以上 60 歳未満	90 ～ 330 日
60 歳以上 65 歳未満	90 ～ 240 日

（出典）　厚生労働省職業安定局「ハローワークインターネットサービス」ホームページ（令和元年12月末時点）

(1)　一定期間の生計費に相当する現預金

　「一定期間」については、次の雇用保険の給付期間の考え方等を参考にします。

　「生計費」については、1月あたりの「標準的な世帯の必要生計費」として、民事執行法施行令で定める額（33万円）を参考にします。なお、「華美でない自宅」を残すことにより保証人に住居費が発生しない場合は、一般的な住居費相当額を「生計費」から控除する調整も考えられます。これらのような考え方を目安としつつ、保証人の経営資質、信頼性、窮境に陥った原因における帰責性等を勘案し、個別案件ごとに増減を検討することとされています。

(2)　華美でない自宅

　上記の生計費に相当する現預金に加え、残存資産の範囲を検討する場合、自宅が店舗を兼ねており資産の分離が困難な場合、その他の場合で安定した事業継続等のために必要となる「華美でない自宅」については、回収見込額の増加額を上限として残存資産に含めることも考えられます。

　上記に該当しない場合でも、保証人の申し出を踏まえつつ、保証人が、当分の間住み続けられるよう、「華美でない自宅」を処分・換価するかわりに、当該資産の「公正な価額」に相当する額から担保権者やその他優先権を有する債権者に対する優先弁済額を控除した金額の分割弁済を行うことも考えられます。なお、弁済条件については、保証人の収入等を勘案しつつ、保証人の生活の経済的再建に支障をきたすことのないよう定めることとされています。

1　主たる債務の整理手続の終結後に保証債務の整理を開始したときは、対象債権者にとっての経済合理性が認められないため、保証人に残すことができる資産の範囲は自由財産の範囲内となります。つまり、自由財産の範囲を超えた資産について保証人の残存資産に含めることを検討するためには、保証債務の整理の申立てを、遅くとも、主たる債務の整理手続の係属中に開始する必要があり、支援専門家等の関係者においては、この点を踏まえて保証人に助言することが期待されます（【各論】Q7－20）。

⑶　主たる債務者の実質的な事業継続に最低限必要な資産

　　主たる債務者の債務整理が再生型手続の場合で、本社、工場等、主たる債務者が実質的に事業を継続する上で最低限必要な資産が保証人の所有資産である場合は、原則として保証人が主たる債務者である法人に対して当該資産を譲渡し、当該法人の資産とすることにより、保証債務の返済原資から除外します。なお、保証人が当該法人から譲渡の対価を得る場合には、原則として当該対価を保証債務の返済原資とした上で、保証人の申し出等を踏まえつつ、残存資産の範囲を検討することとされています。

⑷　その他の資産

　　一定期間の生計費に相当する現預金に加え、残存資産の範囲を検討する場合において、生命保険等の解約返戻金、敷金、保証金、電話加入権、自家用車その他の資産については、破産手続における自由財産の考え方や、その他の個別事情を考慮して、回収見込額の増加額を上限として残存資産の範囲を判断することとされています。

　　なお、保証人が保有する資産を処分・換価して得られた金銭については、上記の考え方に基づき、保証人の残存資産に含めることが可能です（【各論】Ｑ７－14－２、第３次Q&A改定）。

　対象債権者は、経営者の安定した事業継続、事業清算後の新たな事業開始等のため、自由財産（現金99万円等）に加え、一定期間の生計費に相当する額等を、当該経営者たる保証人の残存資産に含めることを検討することとされています

28　保証債務の弁済計画

 保証債務の弁済計画には、どのような内容を記載するのでしょうか。

 保証債務の弁済計画には、財産の状況や保証債務の弁済計画、資産の換価・処分の方針等を記載することとされています（GL 7 項(3)(4)）。

　弁済計画を立てるにあたっては、ガイドラインでは、次のような内容を弁済計画に含むこととされています。

(1)　保証債務の弁済計画案は、次の事項を含む内容を記載することを原則としています。

　　①　保証債務のみを整理する場合には、主たる債務と保証債務の一体整理が困難な理由および保証債務の整理を法的債務整理手続によらず、ガイドラインで整理する理由

　　②　財産の状況（財産の評定は、保証人の自己申告による財産を対象として、56〜58頁に即して算定される残存資産を除いた財産を処分するものとして行う。なお、財産の評定の基準時は、保証人がガイドラインに基づく保証債務の整理を対象債権者に申し出た時点（保証人等による一時停止等の要請が行われた場合にあっては、一時停止等の効力発生時）とする）

　　③　保証債務の弁済計画（原則 5 年以内）

　　④　資産の換価・処分の方針

　　⑤　対象債権者に対して要請する保証債務の減免、期限の猶予その他の権利変更の内容

(2)　保証人が、対象債権者に対して保証債務の減免を要請する場合の弁済計画には、財産の評定の基準時において保有するすべての資産（56〜58頁に即して算定される残存資産を除く）を処分・換価（処分・換価のかわりに、処分・換価対象資産の「公正な価額」に相当する額を弁済する場合を含む1)）して、得られた金銭をもって、担保権者その他の優先権を有する債権者に対する優先弁済の後に、すべての対象債権者に対して、それぞれの債権の額の割合に応じて弁済を行い、その余の保証債務について免除を受ける内容を記載することとされています。

ただし、この場合の対象債権者は、債権額20万円以上（この金額は、その変更後に対象債権者となるすべての対象債権者の同意により変更することができる）の債権者に限られているとともに、対象債権者以外の債権者でも、弁済計画の履行に重大な影響を及ぼすおそれのある債権者については、対象債権者に含めることができることとされています。

　たとえば、自宅等に対する抵当権の実行により、弁済計画において想定されている保証人の生活の経済的再建に著しく支障をきたすような場合には、保証人が当分の間住み続けられるよう、抵当権者である債権者を対象債権者に含めた上で、弁済計画の見直しを行い、抵当権を実行するかわりに、保証人が、当該資産の「公正な価額」に相当する額を抵当権者に対して分割弁済する内容等[2]を当該計画に記載することも考えられます（【各論】Q7‐19）。

1　「公正な価額」とは、関係者間の合意に基づき、適切な評価基準日を設定し、当該期日に処分を行ったものとして資産価額を評価した額（具体的には倒産手続における財産評定に従うことが考えられます）をいいます。なお、「公正な価額」に相当する額を弁済する場合等であって、当該弁済を原則5年以内の分割弁済とする計画もあり得ます。
2　分割弁済の期間については、原則5年以内とされていますが、個別事情等を考慮して、関係者の合意により、この期間を5年を超える期間にすることも可能です（【各論】Q7‐24）。

Q 保証人による保証債務の一部履行後に残存する保証債務について、対象債権者はどのように対応すればよいのでしょうか。

A 対象債権者は、保証人の資力に関する情報を対象債権者に誠実に開示するなど、一定の要件が満たされた保証債務の免除要請について誠実に対応することが求められます。

ガイドラインでは、次の要件を充足する保証債務の免除要請について、対象債権者は誠実に対応することとしています。

① 保証人は、すべての対象債権者に対して、保証人の資力に関する情報を誠実に開示し、開示した情報の内容の正確性について表明保証を行うこととし、支援専門家は、対象債権者からの求めに応じて、当該表明保証の適正性について確認を行い、対象債権者に報告すること

② 保証人が、自らの資力を証明するために必要な資料を提出すること

③ 決定された主たる債務および保証債務の弁済計画が、対象債権者にとっても経済合理性が認められるものであること

④ 保証人が開示し、その内容の正確性について表明保証を行った資力の状況が事実と異なることが判明した場合（保証人の資産の隠匿を目的とした贈与等が判明した場合を含む）には、免除した保証債務および免除期間分の延滞利息を付した上で、追加弁済を行うことについて、保証人と対象債権者が合意し、書面での契約を締結すること

なお、法的債務整理手続と異なり、ガイドラインに基づく保証債務整理においては、すべての対象債権者の弁済計画案への同意が必要なため、一部の対象債権者から弁済計画案について同意が得られない場合、債務整理は成立しません（【総論】Q5）。

ただし、ほとんどすべての対象債権者が合意したにもかかわらず、ごく一部の対象債権者の同意が得られない場合において、これらの債権者を対象債権者から除外することによっても弁済計画に与える影響が軽微なときは、同意しない債権者を除外することにより債務整理を成立させることが可能です。

対象債権者は、一定の要件が満たされた保証債務の免除要請について誠実に対応することが求められます

ガイドラインに基づく債務整理では、すべての対象債権者による弁済計画案への同意が必要です
一部の対象債権者から同意が得られない場合、債務整理は成立しません

Q ガイドラインによって保証債務の免除・減免が行われた場合の保証人および対象債権者の課税関係はどのようになるのでしょうか。

A 対象債権者が、ガイドラインによって準則型私的整理手続等を利用し対象債権者としても一定の経済合理性が認められる範囲内で残存する保証債務を免除・減免する場合、保証人に対する利益供与はないことから、保証人および対象債権者ともに課税関係は生じません。

　ガイドラインによる保証債務の整理に係る税務上の取扱いについては、対象債権者が、ガイドラインによって準則型私的整理手続等を利用し対象債権者としても一定の経済合理性が認められる範囲内で残存する保証債務を免除・減免する場合、保証人に対する利益供与はないことから、保証人および対象債権者ともに課税関係は生じません。この点については、中小企業庁および金融庁が国税庁に確認を行い、その旨を【各論】Q7-32に明記しています。

　また、平成26年1月16日付で追加公表された「「経営者保証に関するガイドライン」に基づく保証債務の整理に係る課税関係の整理に関するQ&A」では、より具体的な実例に即した考え方が示されています。

ガイドラインに基づく保証債務の整理に係る課税関係については、平成26年1月16日に追加公表されたQ&Aで、次の4事例が取り上げられています

① 主たる債務と保証債務の一体整理を既存の私的整理手続により行った場合

② 主たる債務について既に法的整理（再生型）が終結した保証債務の免除を、既存の私的整理手続により行った場合（法的整理からのタイムラグなし）

③ 過去に主たる債務について法的整理（再生型）により整理がなされた保証債務の免除を、既存の私的整理手続により行った場合（法的整理からのタイムラグあり）

④ 主たる債務について既に法的整理（清算型）が終結した保証債務の免除を、既存の私的整理手続により行った場合（法的整理からのタイムラグなし）

31　経営者の経営責任のあり方

Q ガイドラインに基づき保証債務を整理した場合、経営者は交代する必要があるのでしょうか。

A 私的整理に至った事実のみをもって、一律かつ形式的に経営者の交代を求めないこととしています（GL 7 項(3) ②）。

　ガイドラインを利用して主たる債務と保証債務の一体整理を図る場合における中小企業の経営者の経営責任については、法的債務整理手続の考え方との整合性に留意しつつ、結果的に私的整理に至った事実のみをもって一律かつ形式的に経営者の交代を求めず、次のような点を総合的に勘案し、準則型私的整理手続申立て時の経営者が引き続き経営に携わることに一定の経済合理性が認められる場合には、これを許容することとされています。
　①　主たる債務者の窮境原因および窮境原因に対する経営者の帰責性
　②　経営者および後継予定者の経営資質、信頼性
　③　経営者の交代が主たる債務者の事業の再生計画等に与える影響
　④　準則型私的整理手続における対象債権者による金融支援の内容
　なお、この場合の経営責任については、たとえば、保証債務の全部または一部の履行、役員報酬の減額、株主権の全部または一部の放棄、代表者からの退任等により明確化を図ることが考えられます。

経営者は必ず交代しなけれ
ばならないの？

役員報酬の減額等の対
応により、経営責任の
明確化を図ることが考
えられます

6 事業承継時に焦点をあてた ガイドラインの特則

32 特則の概要

Q 事業承継時に焦点をあてたガイドラインの特則の概要を教えてください。

A 事業承継時に焦点をあてたガイドラインの特則は、経営者保証が事業承継の阻害要因とならないよう、原則として前経営者と後継者の双方から二重に保証を求めないこと[1]や後継者への適切な対応などを定めたものです。

特則は、実質的に「対象債権者における対応」と「主たる債務者および保証人における対応」の2つのパートで構成され、ガイドラインと同様に、自主的自律的な準則であり、法的拘束力はありませんが、対象債権者、主たる債務者、保証人の各当事者において広く活用され、円滑な事業承継に資することが期待されています。

特則では、「対象債権者」と「主たる債務者および保証人」に分けて、それぞれに求められる対応などを明確化しています。

〈対象債権者における対応〉

事業承継時の経営者保証の取扱いについては、原則として前経営者と後継者の双方からの二重徴求を行わないこととしています。

また、後継者との保証契約の締結にあたっては、経営者保証が事業承継の阻害要因となり得る点を十分に考慮し、保証の必要性を慎重かつ柔軟に判断すること、また、前経営者との保証契約については、前経営者がいわゆる第三者となる

---

1 原則として前経営者と後継者の双方から二重に保証を求めない（二重徴求）とは、同一の金融債権に対して前経営者と後継者の双方から経営者保証を徴求している場合をいいます。たとえば、代表者交代前の既存の金融債権については前経営者、代表者交代後の新規の金融債権は後継者からのみ保証を徴求している場合は、二重徴求に該当しません。

可能性があることを踏まえて保証解除に向けて適切に見直しを行うことが必要です。

　こうした判断を行うにあたっては、ガイドライン 4 項(2)に即して検討しつつ、経営者保証の意味、すなわち、規律づけの具体的な意味や実際の効果、保全としての価値を十分に考慮し、合理的かつ納得性のある対応を行うことが求められます。

　特則では、対象債権者として、①前経営者と後継者の双方との保証契約、②後継者との保証契約、③前経営者との保証契約、④債務者への説明内容、⑤内部規定等による手続の整備、のそれぞれにあたって留意すべき事項等について定めています。

〈主たる債務者および保証人における対応〉

　主たる債務者および保証人が経営者保証を提供することなしに事業承継を行うためには、基本的にガイドライン 4 項(1)に掲げる経営状態であることが求められます。特に、この経営状態に関する要件が未充足である場合には、後継者の負担を軽減させるために、事業承継に先立って要件を充足するよう主体的に経営改善に取り組むことが必要です。

　このため、主たる債務者および保証人には、事業承継後の取組みも含めて、①法人と経営者との関係の明確な区分・分離、②財務基盤の強化、③財務状況の正確な把握、適時適切な情報開示等による経営の透明性確保に向けた対応が求められます。

　特則では、上記①から③について、主たる債務者や保証人として留意すべき事項や推奨される事項等について定めています。

33 特則策定の背景

Q 特則が策定された背景を教えてください。

A 特則は、①事業承継に際して、経営者保証を理由に後継者候補が承継を拒否するケースが一定程度あるとの指摘や、②中小企業の経営者の高齢化が一段と進む下で、休廃業・解散件数が年々増加傾向にあること、③後継者不在により事業承継を断念し、廃業する企業が一段と増加すれば、地域経済の持続的な発展にとって支障をきたすことになりかねないことなど、中小企業を取り巻く最近の状況を踏まえて策定されました。

経営者保証の取扱いについては、平成26年2月のガイドラインの運用開始以降6年余りが経過し、①新規融資に占める無保証融資等の割合の上昇、②事業承継時における前経営者と後継者の双方からの二重徴求割合の低下など、金融機関における経営者保証に依存しない融資の拡大に向けた取組みが進んでいます。

ただし、経営者保証が円滑な事業承継の阻害要因となり得るとの指摘もあり、「成長戦略実行計画」(令和元年6月21日閣議決定)[1]では、中小企業の生産性を高め、地域経済にも貢献するという好循環を促すための施策として、経営者保証が事業承継の阻害要因とならないよう、原則として前経営者と後継者の双方からの二重徴求を行わないことなどを盛り込んだガイドラインの特則策定が明記されました。

また、「成長戦略フォローアップ」(令和元年6月21日閣議決定)[2]では、中小企業の円滑な事業承継や、これを通じた地域経済の持続的発展は、金融機関が経営基盤を継続的に確保する上でも重要であるという観点を踏まえ、事業承継の阻害要因となり得る経営者保証に関して、「真に必要な場合に限る」との金融機関における運用を徹底することなどが明記されたほか、事業承継時に焦点をあてたガイドラインの特則を年内を目途に策定し、その後の速やかな運用開始を目指すことなどが盛り込まれました。

---

1 https://www.kantei.go.jp/jp/singi/keizaisaisei/pdf/ap2019.pdf参照。
2 https://www.kantei.go.jp/jp/singi/keizaisaisei/pdf/fu2019.pdf参照。

　これら政府の方針などを踏まえ、ガイドライン研究会は、令和元年10月に研究会座長と主要な金融団体および事業者団体で構成される少人数のワーキンググループ（以下「特則WG」という）を設置し、特則WGにおいて実務的な観点から検討を行った上で、同年12月に研究会の決議を経て、特則が策定されました（令和2年4月1日から適用開始）。

【特則WGメンバー】

研究会座長（1名）	小林信明（長島・大野・常松法律事務所弁護士）
金融団体　（3団体）	全国銀行協会、全国信用金庫協会、全国信用組合中央協会
事業者団体（3団体）	日本商工会議所、全国中小企業団体中央会、全国商工会連合会

34 特則の位置づけ

Q 特則の位置づけを教えてください。

A 特則は、ガイドラインを補完するものとして、主たる債務者、保証人および対象債権者のそれぞれに対し、事業承継に際して求められる対応や期待される対応など、具体的な取扱いを定めたものです（特則1項）。

　「成長戦略フォローアップ」（令和元年6月21日閣議決定）では、原則として前経営者と後継者の双方から二重徴求を行わないようにすることに加え、保証の必要性に関する検討において事業承継への影響も考慮した柔軟な判断を促進するため、特則に具体的な着眼点や対応手法などについて明記することが盛り込まれました。

　これを踏まえ、特則WGでは、円滑な事業承継への対応が喫緊の課題となる中、その阻害要因となり得る経営者保証の取扱いを明確化することを主眼として、次を基本的なコンセプトに掲げ、特則に盛り込む内容を検討しました。

①　原則として前経営者と後継者の双方からの二重徴求は禁止する。例外的に二重徴求が許容される事例（以下「例外事例」という）を列挙するとともに、事業承継時に乗じた安易な保全強化や例外事例の拡大解釈による二重徴求が行われないような対応を検討する

②　後継者との保証契約について、経営者保証が事業承継の阻害要因になり得ることを踏まえ、保証の必要性を改めて検討するとともに、事業承継に与える影響も考慮した慎重な判断が必要であることを明確化する（地域金融機関と顧客・地域社会が共存共栄していくビジネスモデルの確立）

③　前経営者との保証契約について、改正民法[1]の施行を踏まえた保証徴求のあり方について整理する（経営者保証に依存しない融資慣行の確立）

④　前経営者や後継者に求められる対応について、事業承継に向けたステップ

1　改正民法（令和2年4月1日施行。改正民法465条の6、465条の8、465条の9）では、事業のための貸金債務について、経営者以外の第三者による個人保証契約は、保証契約の前1月以内に保証の意思が公正証書で確認されていなければ無効となるなど、一定の制限が課されています。

（準備、課題把握、磨き上げ、計画策定・実行）を意識しつつ、ガイドラインに照らして求められる対応を検討する（金融機関とのコミュニケーション、経営改善の必要性など、事業者に求められる対応の明確化）

　このように、特則は、金融機関における融資実務の運営において参考となり、事業承継を検討・実行する経営者や後継者に求められる対応の明確化を図る観点から策定されました。

社内規程やマニュアル等を整備し、金融機関における融資実務に活用することが求められます

Q　前経営者と後継者の双方との保証契約について、対象債権者として留意すべき事項について教えてください。

A　特則は、原則として前経営者と後継者の双方からの二重徴求を禁止しています。また、例外的に二重に保証を求めることが真に必要な場合には、その理由や保証が提供されない場合の融資条件等について、前経営者と後継者の双方に十分説明し、理解を得ることとしています（特則2項(1)）。

　特則は、前経営者と後継者の双方からの二重徴求を原則禁止とするとともに、例外的に二重徴求が許容される事例（例外事例）として、次をあげています。

① 前経営者が死亡し、相続確定までの間、亡くなった前経営者の保証を解除せずに後継者から保証を求める場合など、事務手続完了後に前経営者等の保証解除が予定されている中で、一時的に二重徴求となる場合

② 前経営者が引退等により経営権・支配権を有しなくなり、本特則2項(2)に基づいて後継者に経営者保証を求めることがやむを得ないと判断された場合において、法人から前経営者に対する多額の貸付金等の債権が残存しており、当該債権が返済されない場合に法人の債務返済能力を著しく毀損するなど、前経営者に対する保証を解除することが著しく公平性を欠くことを理由として、後継者が前経営者の保証を解除しないことを求めている場合

③ 金融支援（主たる債務者にとって有利な条件変更を伴うもの）を実施している先、または元金等の返済が事実上延滞している先であって、前経営者から後継者への多額の資産等の移転が行われている、または法人から前経営者と後継者の双方に対し多額の貸付金等の債権が残存しているなどの特段の理由により、当初見込んでいた経営者保証の効果が大きく損なわれるために、前経営者と後継者の双方から保証を求めなければ、金融支援を継続することが困難となる場合

④ 前経営者、後継者の双方から、もっぱら自らの事情により保証提供の申し出があり、本特則上の二重徴求の取扱いを十分説明したものの、申し出の意向が変わらない場合（自署・押印された書面の提出を受けるなどにより、対象債

権者から**要求されたものではないことが必要**)

　なお、対象債権者は、事業承継時に乗じた安易な保全強化や上記①から④の例外事例の拡大解釈による二重徴求を行わないようにする必要があります。このため、たとえば、事業承継を機に単に単独代表から複数代表になったことや、代表権は後継者に移転したものの、株式の大半は前経営者が保有しているといったことのみで二重徴求を判断することのないよう留意する必要があります。

　また、特則の制定以降、新たに二重に保証を求める場合や既に二重徴求となっている場合には、二重徴求となった個別の背景を考慮し、一定期間ごと、またはその背景に応じたタイミングで、安易に二重徴求が継続しないよう、適切に管理・見直しを行うことも必要です。

36 後継者との保証契約

Q 後継者との保証契約について、対象債権者として留意すべき事項や融資先がガイドラインの要件を満たしていない場合の検討項目について教えてください。

A 後継者に対して経営者保証を求めることは、事業承継の阻害要因となり得ることから、前経営者の保証を後継者に当然に引き継がせるのではなく、必要な情報開示を得た上で、ガイドライン4項(2)に即して、保証契約の必要性を改めて検討するとともに、事業承継に与える影響も十分考慮し、慎重に判断することが求められます（特則2項(2)）。

　特則は、対象債権者に対し、経営者保証を求めることにより事業承継が頓挫する可能性や、これによる地域経済の持続的な発展、ひいては金融機関自身の経営基盤への影響などを考慮し、ガイドライン4項(2)の要件の多くを満たしていない場合でも、総合的な判断として経営者保証を求めない対応ができないかについて、真摯かつ柔軟に検討することを求めています。

　こうした判断を行う際には、次の点も踏まえて検討を行うことが必要です。

① 主たる債務者との継続的なリレーションとそれに基づく事業性評価や、事業承継に向けて主たる債務者が作成する事業承継計画や事業計画の内容、成長可能性を考慮すること

② 規律づけの観点から対象債権者に対する報告義務等を条件とする停止条件付保証契約[1]等の代替的な融資手法を活用すること

③ 外部専門家や公的支援機関による検証や支援を受け、ガイドライン4項(2)の要件充足に向けて改善に取り組んでいる主たる債務者については、検証結

1　停止条件付保証契約とは、主たる債務者が特約条項（コベナンツ）に抵触しない限り保証債務の効力が発生しない保証契約をいう。ガイドラインQ&Aでは、特約条項の主な内容として、①役員や株主の変更等の対象債権者への報告義務、②試算表等の財務状況に関する書類の対象債権者への提出義務、③担保の提供等の行為を行う際に対象債権者の承諾を必要とする制限条項等、④外部を含めた監査体制の確立等による社内管理体制の報告義務等、を例示しています。

果や改善計画の内容と実現見通しを考慮すること

④ 「経営者保証コーディネーター」[2]によるガイドライン4項(2)を踏まえた確認を受けた中小企業については、その確認結果を十分に踏まえること

また、こうした検討を行った結果、後継者に経営者保証を求めることがやむを得ないと判断された場合には、次の対応について検討を行うことが求められます。

⑤ 資金使途に応じて保証の必要性や適切な保証金額の設定を検討すること（たとえば、正常運転資金や保全が効いた設備投資資金を除いた資金に限定した保証金額の設定等）

⑥ 規律づけの観点や財務状況が改善した場合に保証債務の効力を失うこと等を条件とする解除条件付保証契約[3]等の代替的な融資手法を活用すること

⑦ 主たる債務者の意向を踏まえ、事業承継の段階において、一定の要件を満たす中小企業については、その経営者を含めて保証人を徴求しない信用保証制度[4]を活用すること

⑧ 主たる債務者が事業承継時に経営者保証を不要とする政府系金融機関の融資制度の利用を要望する場合には、その意向を尊重して、真摯に対応すること

---

2 経営者保証コーディネーターとは、「事業承継時の経営者保証解除に向けた専門家支援スキーム」において、経営者保証がネックとなり、事業承継に課題を抱える中小企業を対象として、①経営者からの相談受付や周知、②ガイドライン4項(2)および特則の要件を踏まえた「事業承継時判断材料チェックシート」に基づく経営状況の確認（見える化）、③前記②のチェックシートをクリアできない先の経営の磨き上げに向けた公的支援制度の活用、④保証解除に向けて取引金融機関と交渉・目線合わせを行う際の専門家（主に中小企業診断士や税理士、弁護士等）の派遣等を行う者をいいます。経営者保証コーディネーターによる支援は、中小企業庁の委託事業として令和2年度から開始されます。

3 解除条件付保証契約とは、主たる債務者が特約条項（コベナンツ）を充足する場合は保証債務が効力を失う保証契約をいいます。ガイドラインQ&Aにおける特約条項の主な内容については、上記脚注1の①〜④を参照。なお、この場合、財務状況の改善をコベナンツとすることも考えられます。

4 事業承継特別保証制度は、保証申込受付日から3年以内に事業承継を予定する具体的な計画を有し、資産超過である等の財務要件を満たす中小企業に対して、経営者保証が提供されている借入（事業承継前のものに限る）を借り換えて無保証とするなど、事業承継時に障害となる経営者保証を解除し、事業承継を促進することを企図している。借換えについては、信用保証付借入のみならず、いわゆる「プロパー借入」（他金融機関扱い分も含む）も対象とされています。同制度は、令和2年度から取扱いが開始されます。

37 前経営者との保証契約

Q 前経営者との保証契約について、対象債権者として留意すべき事項や保証契約を見直す際に具体的に検討すべき事項について教えてください。

A 改正民法（令和2年4月1日施行）では、第三者保証の利用が制限されることや、経営者以外の第三者保証を求めないことを原則とする融資慣行の確立が求められていることを踏まえて、保証契約の適切な見直しを検討することが求められます（特則2項(3)）。

経営者は、実質的な経営権・支配権を保有しているといった特別の事情がない限り、いわゆる第三者に該当する可能性があります。

このため、改正民法（令和2年4月1日施行）では、第三者保証の利用が制限されることや、経営者以外の第三者保証を求めないことを原則とする融資慣行の確立が求められていることを踏まえて、保証契約の適切な見直しを検討することが求められます。

なお、保証契約の見直しを検討した上で、前経営者に対して引き続き保証契約の継続を求める場合には、次を勘案して、保証の必要性を慎重に検討することが必要です。

① 前経営者の株式保有状況（議決権の過半数を保有しているか等）
② 代表権の有無
③ 実質的な経営権・支配権の有無
④ 既存債権の保全状況
⑤ 法人の資産・収益力による借入返済能力　等

特に、取締役等の役員ではなく、議決権の過半数を有する株主等でもない前経営者に対し、やむを得ず保証を求める場合には、より慎重な検討が求められます。

また、特則2項(4)のとおり、具体的に説明することが必要であるほか、前経営者の経営関与の状況等、個別の背景等を考慮し、一定期間ごと、またはその背景等に応じた必要なタイミングで、保証契約の見直しを行うことが求められます（根保証契約についても同様です）。

38 債務者への説明内容

Q 債務者への説明にあたって対象債権者として留意すべき事項や説明のポイントについて教えてください。

A 主たる債務者への説明にあたっては、対象債権者である各金融機関が制定する基準（行内基準）等を踏まえ、事業承継を契機とする保証解除に向けた必要な取組みについて、主たる債務者の状況に応じて個別・具体的に説明することが求められます（特則2項(4)）。

対象債権者は、事業承継を契機とする保証解除に向けた必要な取組みについて、主たる債務者に対して、ガイドライン4項(2)の各要件に掲げられている要素（外部専門家や経営者保証コーディネーターの検証・確認結果を得ている場合はその内容を含む）のうち、どの部分が十分ではないために保証契約が必要なのか、どのような改善を図れば保証契約の変更・解除の可能性が高まるかなど、個別・具体的に説明する必要があります。

特に、法人の資産・収益力については、可能な限り定量的な目線を示すことが望ましいとされています。

また、金融仲介機能の発揮の観点から、事業承継を控えた債務者に対して、早期に経営者保証の提供有無を含めた対応を検討するよう促すことで、円滑な事業承継を支援することが望ましいとされています。

さらに、保証債務を整理する場合であっても、ガイドラインに基づくと、一定期間の生計費に相当する額や華美ではない自宅等について、保証債務履行時の残存資産に含めることが可能であることについても説明することが求められます。

39　内部規程等による手続の整備

Q 特則を踏まえ、対象債権者として取り組むべき事項について教えてください。

A 対象債権者として、特則2項(1)から(4)に沿った対応ができるよう、社内規程やマニュアル等を整備し、職員に対して周知することが求められます（特則2項(5)）。

　社内規程等の整備にあたっては、原則として前経営者と後継者の双方からの二重徴求の禁止や、経営者保証に依存しない融資の一層の推進という考えのもと、経営者保証の徴求を真に必要な場合に限るための対応を担保するためには、具体的な判断基準や手続を定めるなど、各金融機関において工夫した取組みを行うことが望ましいとされています。

40 主たる債務者および保証人における対応（その１）

Q 経営者保証を提供せずに事業承継を行いたい場合、主たる債務者および保証人は、どのようなことに取り組む必要がありますか。

A 経営者保証を提供せずに事業承継を行う場合には、基本的にガイドライン４項(1)に掲げる経営状態であることが求められます。特に、この経営状態に関する要件が未充足である場合には、後継者の負担を軽減させるため、事業承継に先立って要件を充足するよう主体的に経営改善に取り組むことが必要です（特則３項）。

ガイドライン４項(1)は、主たる債務者が経営者保証を提供することなしに資金調達を希望する場合には、①法人と経営者との関係の明確な区分・分離、②財務基盤の強化、③財務状況の正確な把握、適時適切な情報開示等による経営の透明性確保、の３つの要件を満たす経営状態であることを求めています。

これは、事業承継時も同様であり、経営者保証を提供せずに事業承継を行う場合には、基本的に上記の３つの要件を満たすことが求められます。

このため、主たる債務者および保証人には、中小企業庁が策定した「事業承継ガイドライン」（平成28年12月）で定める事業承継に向けたステップ、すなわち、①事業承継に向けた準備の必要性の認識、②経営状況・経営課題等の把握（見える化）、③事業承継に向けた経営改善（磨き上げ）、④事業承継計画の策定（親族内・従業員承継の場合）／M&A等のマッチング実施（社外への引継ぎの場合）、⑤事業承継の実行、という５つのステップも参照しつつ、事業承継後の取組みも含めた対応が求められます。

なお、これらの対応を行うに際しては、ガイドライン４項(1)②に掲げる公認会計士、税理士等の外部専門家の検証や公的支援機関の支援を活用することも推奨されます。

41 主たる債務者および保証人における対応（その２）

Q 経営者保証を提供せずに事業承継を行いたい場合に満たすべき要件について、主たる債務者および保証人に求められる具体的な対応について教えてください。

A 事業承継の実行前や事業承継計画・事業計画を策定する際における現経営者と後継者および金融機関との情報・認識の共有や、外部専門家の活用など、きめ細やかな対応が求められます（特則3項(1)～(3)）。

特則は、主たる債務者および保証人に対して、ガイドライン4項(1)で定める3つの要件のそれぞれについて、次の対応を求めています。

〈法人と経営者との関係の明確な区分・分離〉

○経営者は、事業承継の実行（代表者交代のタイミング）に先立ち、あるいは経営権・支配権の移行方法・スケジュールを定めた事業承継計画や事業承継前後の事業計画を策定・実行する中で、法人と経営者との関係の明確な区分・分離を確認した上で、その結果を後継者や金融機関と共有し、必要に応じて改善に努めること

〈財務基盤の強化〉

○事業承継に向けて事業承継計画や事業計画を策定する際に、現経営者と後継者が金融機関とも対話しつつ、将来の財務基盤の強化に向けた具体的な取組みや目標を検討し、計画に盛り込むことで、金融機関とも認識を共有すること

なお、上記を行う際には、公的支援機関が提供する支援制度を活用して、外部専門家のアドバイスを受けるなど、計画の実現可能性を高めることも推奨されています。

〈財務状況の正確な把握、適時適切な情報開示等による経営の透明性確保〉

① 自社の財務状況、事業計画、業績見通し等について、決算書を含めた法人税等確定申告書一式や試算表、資金繰り表等により、現経営者と後継者が認識を共有すること

② 金融機関との間では、望ましい情報開示の内容・頻度について認識を共有するとともに、代表者交代の見通しやそれに伴う経営への影響、ガイドラインの要件充足に向けた取組み等を含めた事業承継計画等について、対象債権者からの情報開示の要請に対して正確かつ丁寧に信頼性の高い情報を可能な限り早期に開示・説明すること

③ 対象債権者が適切なタイミングで経営者保証の解除を検討できるように、株式の移転や、経営権・支配権の移転等が行われた場合は、速やかに対象債権者に報告すること

上記②については、外部専門家による情報の検証も活用し、開示した情報の信頼性を高める取組み[1]も推奨されています。

なお、ガイドラインに基づき保証債務の整理を行うと、一定期間の生計費に相当する額や華美ではない自宅等について、保証債務履行時の残存資産に含めることが可能です。このため、普段から取引金融機関と良好な関係を構築することが重要です。

---

1 日本税理士会連合会が策定・公表した「中小企業の会計に関する指針の適用に関するチェックリスト」や「中小企業の会計に関する基本要領の適用に関するチェックリスト」などに加え、税理士法33条の2に定める書面添付制度（申告書の作成に関して計算・整理し、または相談に応じた事項を記載した書面を当該申告書に添付する制度）を活用することも考えられます。

7 その他

42 適用開始日までに締結した保証契約

Q 適用開始日（平成26年2月1日）以前に締結した保証契約もガイドラインの適用を受けることはできますか。

A 適用開始日以前に締結した保証契約であっても、ガイドラインに定める要件を満たすものについては、適用開始日以降に既存の保証契約の見直しや保証債務の整理を図る場合、ガイドラインの適用を受けることとなります。

　ガイドライン適用開始日以前に締結された保証契約であっても、主たる債務者および保証人はガイドラインにのっとって当該保証契約の契約内容の変更等の申し出を行うことができ、対象債権者はガイドラインに基づく対応を行うことが求められます。

　また、保証人がガイドラインに則って保証債務の整理の申し出を行ったときは、ガイドラインの適用を受けることが可能です（【各論】Q8−2）。

　なお、ガイドラインは遡及的に適用されないため、ガイドラインの適用開始日以前に保証債務の履行として保証人が対象債権者に弁済したものについては、当該保証人には返還されません（GL8項(3)）。

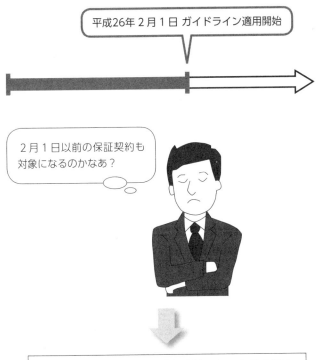

付　録

ガイドラインおよびガイドラインQ&A策定以降の改定履歴等

時　期	概　要
平成25年12月5日	**ガイドラインの策定**（平成26年2月1日から適用）
平成26年1月16日	**ガイドラインQ&Aの策定**（平成26年2月1日から適用）
平成26年10月1日 （第1次Q&A改定）	ガイドラインQ&Aについて、次の改定を実施。 **①保証履行の請求範囲の設定における保証人の位置づけの明確化**（【各論】Q.5－10の新設） ➤ガイドライン5項(2)（適切な保証金額の設定）は、対象債権者と経営者が保証契約を締結する場合、保証債務の整理にあたっては主たる債務者と対象債権者の双方の合意に基づき、保証の履行請求額を履行請求時の保証人の資産の範囲内とすることを保証契約に規定することを求めているが、保証人抜きで主たる債務者と債権者の合意により保証の履行請求額を定めるように読めることから、保証人も当該合意の当事者であることを明確化 **②経済合理性の判断方法等の明確化**（【各論】Q.7－4、Q.7－13、Q.7－16の改定） ➤ガイドラインによる保証債務の整理が認められる要件である経済合理性の判断方法や、残存資産の上限となる回収見込額の増加額の算定方法等を具体的に規定しているものの、必ずしも十分に整理されていないことから明確化
平成27年7月31日 （第2次Q&A改定）	ガイドラインQ&Aについて、次の改定を実施 **①保証の履行請求額を確定する「一定の基準日」の例示**（【各論】Q.5－4の改定） ➤ガイドライン5項(2)イ）において、「保証債務の履行請求額は、期限の利益を喪失した日等の一定の基準日における保証人の資産の範囲内」とすることを保証契約に規定することとされているが、保証人が保証債務の整理を対象債権者に申し出た時点を基準日とすることを保証契約に明記しておくことが考えられることを明確化 **②相対で行う広義の私的整理に関する修正**（【各論】Q.7－2の改定） ➤保証人と対象債権者が相対で行う広義の私的整理について、「主たる債務者と対象債権者が相対で行う広義の私的整理」が準則型私的整理手続に該当するか確認する設問に修正 **③免責不許可事由が生じるおそれがないことの確認方法**（【各論】Q.7－4－2の新設） ➤ガイドライン7項(1)ニ）において、ガイドラインに基づく整理の対象となり得る保証人の条件として、保証人に「免責不許可事由が生じておらず、そのおそれもないこと」が規定されている

時　期	概　要
	が、免責不許可事由が生じるおそれがないことの確認方法として、必要に応じて保証人の表明保証により確認することを例示
	④**主たる債務と保証債務の一体整理を図る場合と、保証債務のみを整理する場合の支援専門家の役割についての表現振りの整理（【各論】Q.7－6の改定）**
	➤保証債務のみを整理する場合の支援専門家の役割について、主たる債務と保証債務の一体整理を図る場合には、支援専門家が「弁済計画の策定支援」を行うケースがあることを踏まえ修正
	⑤**一時停止等の要請後に保証人が資産の処分や新たな債務の負担を行った場合の対象債権者の対応（【各論】Q.7－12の改定）**
	➤一時停止等の要請後に保証人が資産の処分や新たな債務の負担を行った場合の対象債権者の対応について、より分かりやすく修正するとともに、例として「保証人に対し説明を求めた上で、当該資産の処分代金を弁済原資に含めることを求めること」を追加
	⑥**目安を超える資産を残存資産の取扱い（【各論】Q.7－14の改定）**
	➤当事者間の合意に基づき、個別の事情を勘案し、回収見込額を上限として、当該目安を超える資産を残存資産とすることも差し支えないことを明確化
	⑦**経営者と第三者保証人との間での残存資産の配分調整（【各論】Q.7－18の改定）**
	➤個別事情を考慮し、経営者と第三者保証人との間で残存資産の配分調整について、第三者保証人により多くの残存資産を残すことも考えられることを追記
	⑧**保証人の過失により、保証人が表明保証を行った資力の状況が、事実と異なることが判明した場合の取扱い（【各論】Q.7－31の改定）**
	➤保証人の過失により、表明保証を行った資力の状況が事実と異なることが判明した場合、当事者の合意により、当該資産を追加的に弁済することにより、免除の効果は失効しない取扱いとすることも可能なこと、また、そのような取扱いとすることについて保証人と対象債権者が合意し、書面で契約しておくことも考えられることを追記
平成29年6月28日 （第3次Q&A改定）	ガイドラインQ&Aについて、次の改定を実施
	①**ガイドラインの適用対象（【総論】Q.3の改定）**
	➤ガイドラインの適用対象となる「中小企業・小規模事業者等」について、企業以外の者（社会福祉法人など）も対象となり得ることを明確化
	②**弁済の誠実性や適時適切な開示の要件の明確化（【各論】Q.3－3、3－4の新設）**
	➤ガイドラインの適用要件として、主たる債務者および保証人の双方が弁済について誠実であり、財産状況等について適時適切

時　期	概　要
	に開示していることが規定されているが、これらの要件について、債務整理着手前や一時停止前の行為にも適用されるものの、債務整理着手前や一時停止前に債務不履行や不正確な開示があったことなどをもってただちにガイドラインの適用が否定されるものではないことを明確化。あわせて、自由財産を弁済対象としないことをもって、弁済の誠実性が否定されるものではないことを明確化 ③免責不許可事由が生じるおそれがないことの判断時点の明確化（【各論】Q.7−4−2の改定） ➤保証債務の整理時におけるガイドラインの適用要件の一つとして規定されている、保証人に免責不許可事由が生じるおそれがないという要件については、保証債務の整理の申し出から弁済計画の成立までの間において、免責不許可事由に該当する行為をするおそれのないことを意味することを明確化 ④保証人保有資産の処分・換価による金銭の残存資産への算入（【各論】Q.7−14−2の新設） ➤保証人が保有する資産を処分・換価して得られた金銭の一部についても、保証人の残存資産の範囲に含むことが可能であることを明確化 ⑤保証人の資産の売却額の増加が見込まれる場合における回収見込額の増加額の算出方法（【各論】Q.7−16の改定） ➤再生型手続において、保証人の資産の売却額が、現時点において破産手続を行った場合に比べて、増加すると合理的に考えられる場合は、当該増加分を加えて、回収見込額の増加額を算出することが可能であることを明確化。また、清算型手続において、主たる債務または保証人の資産の売却額が、破産手続を行った場合の資産の売却額に比べて、増加すると合理的に考えられる場合は、当該増加分を加えて、回収見込額の増加額を算出することが可能であることを明確化
平成30年1月26日 （第4次Q&A改定）	ガイドラインQ&Aについて、次の改定を実施 ○事業性評価に着目した経営者保証ガイドラインの運用（【各論】Q.4−13の新設） ➤対象債権者が、主たる債務者である企業の事業内容や成長可能性などを踏まえて、個人保証の要否や代替的な融資手法を活用する可能性を検討する場合には、企業の財務データ面だけに捉われず、主たる債務者との対話や経営相談等を通じて情報を収集し、事業の内容や持続・成長可能性などを含む事業性を適切に評価することが望ましいこと等を明確化。また、対象債権者は、情報の収集等にあたり、主たる債務者との信頼関係の構築等をしつつ、必要に応じて説明を促していくこと、主たる債務者は、それに応じ正確な情報を開示し、丁寧に説明することが期待されることを明確化

時　期	概　要
令和元年10月15日 （第5次Q&A改定）	ガイドラインQ&Aについて、次の改定を実施 ①**外部専門家の追加、外部専門家の検証の明確化**（【各論】Q.4－1、4－3、4－4の改定） ➤ 債務者に求められる要件への対応状況の検証等ができる士業の例として、弁護士を追加。また、外部専門家による検証は、経営者保証を求めない可能性を検討するための必須条件ではないことを明確化 ②**停止条件付・解除条件付保証契約**（【各論】Q.4－8の改定） ➤ 条件付保証契約のコベナンツ例として、外部を含めた監査体制の確立等による社内管理体制の報告義務等を追加 ③**ガイドラインの要件判断における柔軟な対応方法の例示**（【各論】Q.4－10の改定） ➤ ガイドライン4項(2)における要件をすべて満たしていなくても、債権者は総合的な判断により、経営者保証を求めない可能性を検討することや、各要件の基準を明確化するために、要件を細分化する方法を追加 ④**将来の要件充足を促すための条件付保証契約の活用**（【各論】Q.4－11の改定） ➤ 将来の要件充足に向けた取組みを促すための条件付保証契約等の活用を追加 ⑤**保証の有無に応じた金利水準の選択肢の提示**（【各論】Q.4－12の改定） ➤ 経営者保証の代替的手段の一つとして、債権者は債務者に対して保証有無に応じた金利の選択肢を提案する手法があることを例示 ⑥**保証徴求時等の説明内容**（【各論】Q.5－1の改定） ➤ 債権者は、説明の際に保証契約の必要性や保証の解除に際して債権者に期待する財務内容を定量的な目線で示す等、債務者が取り組むべき対応について助言を行うことが望ましいことを追記 ⑦**物的担保等の保全を加味した適切な保証金額の設定**（【各論】Q.5－11の改定） ➤ 適切な保証金額の設定にあたって、物的担保等がある場合に、債権者が合理的と判断する範囲内において担保価額を考慮した保証金額を設定することを明記
令和元年12月24日	**特則の策定**（令和2年4月1日から適用）

■監修者略歴

小林　信明（こばやし　のぶあき）

弁護士（長島・大野・常松法律事務所）
経営者保証に関するガイドライン研究会（日本商工会議所、全国銀行協会）座長、中小
企業庁政策審議会臨時委員（金融WG）、全国倒産処理弁護士ネットワーク副理事長、
事業再生実務家協会（事業再生ADRを主宰）専務理事、事業再生研究機構代表理事（以
上現任）。
日弁連倒産法制等検討委員会委員長、東京弁護士会倒産法部長、事業再生関連手続研究
会（経済産業省）委員等を歴任。
大型の法的整理　（エルピーダメモリ、タカタなど）や、上場企業・中小企業の私的整
理案件など、法的整理・私的整理を問わず、債務者側はもとより、債権者側、スポンサー
側など、さまざまな立場から多くの倒産処理・事業再生案件を手がけており、豊富な経
験を有している。

■編著者略歴

岡島　弘展（おかじま　ひろのぶ）

一般社団法人全国銀行協会業務部次長。2019年4月から経営者保証に関するガイドライ
ン研究会事務局次長を兼職。銀行界における融資業務態勢、中小企業金融、被災者債務
整理、銀行法務等、個人情報保護等に係る諸課題の検討等を所管。一橋大学大学院国際
企業戦略研究科（一橋ICS）博士後期課程単位取得退学。経営法修士（M.A.(Business
Law)）・経営学修士（MBA）。

これでわかる経営者保証【改訂版】

2020年3月26日　第1刷発行
（2014年3月25日　初版発行）

監修者　小　林　信　明
編著者　岡　島　弘　展
発行者　加　藤　一　浩

〒160-8520　東京都新宿区南元町19
発　行　所　一般社団法人 金融財政事情研究会
企画・制作・販売　株式会社きんざい
出版部　TEL 03（3355）2251　FAX 03（3357）7416
販売受付　TEL 03（3358）2891　FAX 03（3358）0037
URL https://www.kinzai.jp/

DTP・校正：株式会社アイシーエム／印刷：三松堂株式会社

ISBN978-4-322-13542-8